KB252146

야구 상식 사전

2011년 4월 20일 초판 1쇄 인쇄
2011년 4월 25일 초판 1쇄 발행

지은이   김은식
펴낸이   이상규
편집인   김훈태
펴낸곳   이상미디어
디자인   표지 양가Z
         본문 김은주
등록번호   209-06-98501
등록일자   2008.09.30

주소   서울시 성북구 하월곡동 196번지
대표전화   (02) 913-8888
팩스   (02) 913-7711
E-mail   leesangbooks@gmail.com
ISBN   978-89-94478-13-5

야구 상식 사전

원초적이면서도 감상적인 야구의 세계

인류가 처음으로 사용하기 시작한 무기는 돌멩이와 몽둥이였다. 그 중에서도 돌멩이는 더 먼 곳에서 더 빠르게 상대를 공격할 수 있는 무기였다. 상대에게서 멀리 떨어진 채 공격할 수 있다는 점에서 그만큼 안전하다는 것, 그리고 심지어는 날아가는 새처럼 자신보다 훨씬 빠른 상대도 맞혀서 잡을 수 있다는 것, 그것이 바로 돌멩이의 장점이었다. 물론 정확성이 떨어진다는 점은 돌팔매질의 한계였고, 실제로 돌을 던져서 날아가는 새를 맞혀 잡는다는 것은 굉장히 드문 일이었다.

반면에 몽둥이는 적의 바로 코앞까지 접근해야만 사용할 수 있는 무기였다. 그만큼 자신도 공격당할 수 있는 위험이 있지만 일단 접근해서 공격을 시작하기만 한다면 적의 몸에 정확히, 그리고 체력이 허용하는 한 수십 수백 차례라도 연달아 공격할 수 있다는 결정적인 장점이 있었다.

금속을 활용할 줄 알게 된 이후로 인간은 돌과 몽둥이보다 훨씬 위협적인 무기를 갖게 되었지만 그 모든 신무기들의 원형이 된 것은 언제나 돌과 몽둥이였다. 인류의 지능과 문화가 발전을 거듭하며 몽둥이는 칼과 창으로 진화했고, 돌멩이는 화살로, 총알로, 다시 미사일로 진화했다. 물론 그 둘 중에서도 더 멀리 나아간 것은 돌멩이 쪽이다. 칼과 창의 단계에서 주춤거리고 있는 몽둥이에 비해 돌멩이는 대륙 간 탄도미사일을 넘어 우주공간으로까지 사정거리를 넓히고 정확도도 높여가고 있기 때문이다. 그래서 오늘날은 돌멩이가 몽둥이를 압도하는 시대라고 할 수 있는지도 모른다. 어쨌든 돌멩이와 몽둥이는 인류가 그 출발점부터 손에 들고 몸에 익혀온 무기이며 도구이다. 그리고 그렇게 우리와 함께 진화해온 몸의 확장된 일부분이다.

그렇게 가장 원시적이며 원형적인 무기로 맞서 대결해 승부를 가리는 경기가 바로 야구다. 투수는 돌멩이의 변형인 공을 던져 타자를 공격하고, 타자는 몽둥이의 변형인 배트를 휘둘러 투수를 공격한다. 다만 돌멩이(공)로 타자의 몸이 아닌 바로 그 앞의 한 공간을 공략하게끔, 그리고 몽둥이(배트)로 투수의 몸이 아닌, 투수가 던지는 공을 노리게끔 아주 약간씩 서로의 표적을 비틀면서 진화한 것이다. 즉, 수만 년 전의 목숨을 건 혈투에서 수만 명의 남녀노소가 지켜보며 웃고 울며 함성을 지르며 즐길 수 있는 경쾌한 놀이로 변신했다.

야구에는 그래서 야성이 숨어 있고, 치밀한 현대적 두뇌플레이와 수싸움이 가로지르며 빈볼과 태클과 벤치클리어링이 나오는 동시에 변화구와 치고 달리기, 시프트 수비가 등장한다. 또한 야구는 그래서 몸으로 먹고 사는 거친 사내들의 이를 악문 승부욕에 지배되는 동시에 그들의 거친 숨소리를 지켜보며 눈물 흘리고 평생 가슴에 새기며 기억하고 기리며 그리워하는, 나른하고 감상적인 현대 도시의 여성적인 여가문화와도 맞닿아 있다.

야구를 그저 재미있다거나, 멋지다거나, 유익하다는 개념으로 설명하기 어려운 건 바로 그 때문이다. 야구란 인간의 진화과정을 관통하며 몸으로, 유전자로 기억되어온 어떤 본능적인 감정선을 자극한다. 그리고 동시에 숫자 하나하나로 기록되고 가늠되는 현대적인 삶의 논리와 궤를 같이 한다.

야구란 가슴 속의 피를 끓게 하는 동시에 머릿속의 회로를 급가속시키고, 인간으로서의 삶을 끊임없이 되새기거나 연민하게 만든다.

야구란, 그래서 삶이다.

차례

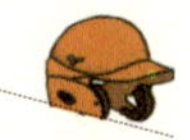

코치보다는 매니저에 가까운 야구 감독

야구가 처음 시작된 미국에서는 야구 감독을 매니저(manager)라고 부른다. 축구나 농구 감독을 코치(Coach, 혹은 Head Coach)라고 부르는 것과 다르다. 축구와 농구 감독들에게 요구되는 역할이 주로 기술과 전술에 대한 '지도'에 집중되는 것과 달리 야구 감독에게 요구되는 것은 보다 폭이 넓어서 '운영'이라고 부를 만하기 때문이다.

우선 야구팀은 다른 종목의 스포츠 팀에 비해 규모가 크다. 동시에 라인업에 들어가는 것은 축구의 11명보다 적은 10명(지명타자 포함)이지만 교체선수를 포함해 매일 경기에 투입되는 선수의 수는 보통 15명을 넘어서기 때문이다. 그리고 무엇보다도 농구나 축구보다 훨씬 긴 시즌 동안 더 많은 경기를 치르기 때문에 충분한 후보 선수를 보유하고 있어야 하기 때문이다(한국 프로야구의 경우 2009년부터 연간 133경기를 치르고 있으며 일본은 146경기, 미국 메이저리그의 경우는 162경기를 소화하고 있다). 게다가 선수들의 역할 또한 포지션에 따라 세분화되고 전문화되어 있기 때문에 각각의 기능을 지도고 담당할 코치들 역시 다른 종목들에 비해 훨씬 많이 필요하다.

　이렇게 많은 구성원으로 이루어진 팀이 오랜 기간 동안 많은 경기를 치러내면서 좋은 성적을 내기 위해서는, 기술과 전술적인 부분 못지않게 구성원들 사이의 화합과 선의의 경쟁, 목표의식과 승부욕의 공유 같은 것들이 중요해진다. 그리고 그 모든 영역을 총괄해 계획하고 추진하며 감독하는 것은 역시 지도보다는 운영에 가까운 일이다. 야구 감독이 '매니저'라고 불리는 것은 바로 그 때문이다.

　하지만 이렇게 그 역할이 포괄적이기 때문에 그 비중을 정확히 가려내서 평가하는 것은 오히려 어려운 일이 된다. 마치 '수입액의 크기'로서 구체적으로 평가되곤 하는 아버지의 역할과는 달리, 집안의 모든 영역에 대해 포괄적으로 개입하는 어머니가 가족들을 위해 정확히 얼마만큼 기여한다고 평가하기 어려운 것과 비슷한 일이다.

　감독이 팀의 전력에서 차지하는 비중에 관해서는 높이 평가하는 쪽과 낮게 평가하는 쪽으로 나뉜다.

　낮게 평가하는 쪽의 논자들이 즐겨 쓰는 말은 '야구는 선수가 하는 게임'이라는 것이다. 일단 경기가 시작되면 감독이 할 수 있는 것은 선수를 교체하는 일과 작전을 내는 일인데, 주된 득점 방법인 홈런, 안타, 창의적인 주루플레이, 그리고 주된 실점의 원인들인 실투, 실책, 위력 없는 직구와 밋밋한 변화구 등은 지시한다고 해서 따르거나 피할 수 있는 성질의 것이 아니기 때문이다. 감독의 결단과 지시대로 이루어질 가능성이 가장 높은 작전인 보내기 번트의 경우마저도 해마다 가장 높은 성공률을 기록하는 팀이 50% 정도를 유지할 뿐이며 가장 낮은 팀의 성공률은 20%대 선에 머무는 경우가 많은 것은 그 증거이다.

반대로 1982년 세계야구 선수권대회 최종 한일전에서는 8회 말 스퀴즈 사인이 일본 쪽에 간파되었음에도 불구하고 (당시 어우홍 감독의 증언대로라면, 타자 김재박이 사인을 잘못 읽었음에도 불구하고) 김재박이 멀찍이 빼는 공을 향해 뛰어오르며 시도한 번트가 오히려 절묘하게 3루 쪽 파울 라인을 타고 흐르며 동점을 만들어내는 내야안타가 되기도 했다. 2009년 한국시리즈 5차전 3회말 1사 1, 3루 찬스에서 스퀴즈 작전을 간파하고 밖으로 빼는 공에 몸을 날려 번트를 대면서 선취점을 만들었던 이용규 역시 비슷한 상황이었다.

그래서 '선수에게 맡기는 야구'를 신봉하는 대표적인 지도자인 김인식 감독(쌍방울, 두산, 한화에서 감독을 맡은 바 있으며 1, 2회 WBC에서 모두 국가대표팀 감독을 맡아 각각 4강과 준우승의 성과를 낸 명감독)은 '한 시즌 동안 감독이 좌우하는 승수는 많아야 10승 안쪽일 것'이라고 말하기도 한다.

하지만 감독이 결정적인 역할을 한다고 생각하는 이들이 주목하는 것은 다른 측면이다. 강팀과 약팀의 차이는 이미 경기가 시작되기 전에 결정되며, 좋은 선수들을 선발해내고 좋은 기량을 유지할 수 있도록 훈련 프로그램을 짜며 모든 선수들이 열심히 훈련에 임하는 분위기와 문화를 만들어냄으로써 강한 팀을 만드는 데 가장 결정적인 역할을 하는 것이 감독이라고 보기 때문이다. 실제로 2000년대 후반 들어 꾸준히 좋은 성적을 내온 SK 와이번스와 두산 베어스의 강점 중

하나는 공정한 경쟁의 문화를 만들고 강하고 적절한 훈련과제를 부여함으로써 특정한 몇 명의 스타플레이어에 의존하지 않고 전체적으로 강인한 체질을 만들어냈다는 것이다. 그중에서도 특히 두산 베어스의 김경문 감독이 경기 중 많은 작전을 내는 것도, 내는 작전마다 성공률이 높은 것도 아니면서 내내 상위권을 지킬 수 있었던 것은 이미 경기 전, 혹은 시즌 전에 이길 수 있는 준비를 충분히 해놓았기 때문이다. OB에서 SK까지 6개 팀에서 20여 시즌 가까이 감독 생활을 하고 있는 김성근 감독 역시 이런 입장을 대표하는 경우다. 그는 '야구는 선수가 한다고 말하는 것은 감독의 책임회피일 뿐'이라고 주장하기도 한다.

미국 메이저리그의 원로기자 레너드 코페트는 이 문제에 대해 저서《야구란 무엇인가》에서 1964년 세인트루이스 카디널스의 최고참 선수였던 빌 화이트라는 선수의 입을 빌어 이렇게 결론짓는다.

'감독 나름이죠.'

레너드 코페트도 책의 앞부분에서는 김인식 감독의 이야기와 비슷하게 긴 시즌 동안 많은 경기를 치르는 프로야구 무대에서 각 팀의 성적은 각 팀의 실력만큼 나오기 마련인 것이고, 따라서 일 년 중 몇 경기 쯤 감독의 신기한 계책으로 잡아내거나 감독의 실수로 망쳐버리는 한이 있더라도 결과적으로 큰 차이는 없다고 적어두었다. 하지만 그는 곧이어 빌 화이트의 '감독 하기 나름'이라는 말을 인용하면서, 그것은 모든 감독이 야구를 완벽히 이해하는 전문가이고, 또한 의사결정에 있어서 다른 사람이나 복잡한 야구 외적 사정들에 간섭받지 않는다는 전제 아래서의 이야기라고 덧붙였다. 책 속에 굳이 노골적으로 적어놓지는 않았지만, 그 역시 야구에 대한 이해가 부족하거나, 흥분이나 오기를 다스리지 못하고 비합리적으로 판단하고 행동하거나, 구단 고위관계자와의 관계나 여타의 복잡한 사연 때문에 자유로운 결정과 행동을 하지 못함으로써 시시때때로 이길 수 있었던 경기를 망쳐버리는 못난 감독들이 있다고 본 것이다.

재미있는 것은, 롯데 자이언츠와 LG 트윈스를 응원하는 팬들의 경우에는 '선수 중심의 야구'를 지지하는 경향이 비교적 높다는 점이다. 하지만 2000년대 전반과 후반에 각각 역사적인 암흑기를 거쳐야 했던 두 팀의 팬들은 그렇게 자신들이 응원하는 팀의 한 시대를 '말아먹은' 특정 전직 감독에 대한 원성이 높은 것으로도 유명한데, '선수야구'의 지지자들이 그 암흑기의 책임을 선수가 아닌 감독에게 돌린다는 것은 오히려 '감독야구'의 설득력을 반증하는 모습이기도 하다. 자신이 사랑하는 팀이 꼴찌로 내쳐지는 경험이란 그렇게 아픈 것이며, 믿었던 감독에 의해 좌절된 승리와 패배의 상처가 감독이라는 존재 자체에 대한 실망과 반감으로 나타났기 때문일 것이다.

어쨌든 분명한 것은 이 세상 대부분의 역할들이 그렇듯, 야구 감독 역시 '잘 하는 티'를 내기는 어려운 반면 '잘못한 흔적'은 크게 남는 위태로운 자리라는 점이다. 야구의 거의 모든 영역에 개입하는 동시에 그 모든 것을 좌우할 수 있는 결정력은 가지지 못한 어설픈 신의 위치, 어쩌면 그것이 바로 야구 감독인지도 모른다.

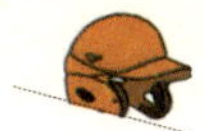

감독 겸 선수가 존재하기에는
야구가 너무 정교해졌다

구단이 선수와 플레잉 코치(playing coach) 계약을 하는 경우는 꽤 흔하며, 이유도 여러 가지다. 현역생활에 대한 미련이 남은 선수를 달래며 단계적으로 은퇴를 시키기 위한 경우, 그대로 내치기에는 팬들의 원성이 두려운 프랜차이즈 스타의 연봉을 깎아내리기 위한 경우, 그보다 나이 어린 코치들이 속출하게 되면서 대두된 '서열과 기강'의 문제를 고려한 경우 등이 있다. 하지만 감독 겸 선수(playing manager) 계약은 그리 흔한 일이 아니다. 야구 선수단의 정점에 있는 감독이 선수의 역할도 병행하기 위해서는 극복해야 할 나이와 관점의 격차가 꽤 크기 때문이다.

물론 프로야구의 역사가 짧지 않다 보니 사례를 따져보자면 없지는 않다. 미국의 경우 1920년대까지 코니 맥(피츠버그 파이어리츠), 타이 콥(디트로이트 타이거즈), 트리스 스피커(클리블랜드 인디언스) 같은 전설적인 선수들이 저마다 선수로서의 경력을 마무리하던 시점에서 감독 겸 선수로 수직상승한 적이 있고, 일본에서도 1940년대 중반 츠루오카 카즈토(난카이 호크스)가 선수와 감독의 역할을 동시에 성공적으로 해낸 적이 있다. 1970~80년대에도 미국의 조 토레(뉴욕 메츠), 프랭크 로빈슨(클리블랜드 인디언스), 피트 로즈(신시내티 레즈), 일본의 노무라 가쓰야(난카이 호크스), 한국의 백인천(MBC 청룡) 등이 있었고 가장 최근에는 지난 2006년부터 2년간 야쿠르트 스왈로즈에서 마스크를 쓴 채 지휘봉을 잡았던 후루타 아쓰야가 있다.

세월이 흐를수록 감독 겸 선수는 찾아보기도 어렵게 됐지만, 성공한 사례를 찾기는 더욱 어려워졌다. 츠루오카나 노무라는 선수생활을 겸하면서도 역대 최고의 감독 반열에 오를 만큼의 능력을 과시했고, 특히 그 중에서도 노무라는 1973년 감독 겸 선수로서 팀을 우승시키면서 최우수선수로도 동시에 선정되는 전설을 남기기도 했다. 하지만 1982년 백인천은 선수로서는 4할대의 타율을 남기는 대활약을 한 반면 감독으로서는 별다른 주목을 받지 못했고, 2006년 후루타는 감독으로서는 무난한 평가를 받은 반면 선수로서는 단 36경기에만 나서 선수생활 최초로 0홈런을 기록하며 무려 80%의 연봉을 삭감당하는 수모를 겪기도 했다. 1988년 피트 로즈는 불과 40여 경기를 지휘한 시점에서 경기 도박사건에 연루되어 쫓겨나는 신세가 되기도 했다.

성공적인 감독 겸 선수가 되기 위해서는 '감독을 할 만한 나이까지도 선수로서의 가치를 유지하는 것'이 우선 필요하며, '감독의 역할과

선수의 역할을 모두 정확히 이해하
는 것' 역시 필수적이다. 최근 체계
적인 관리를 통해 40대 중반까지도
왕성한 경기력을 뽐내는 선수들이
늘어나는 여건은 감독 겸 선수가 등
장할 수 있는 가능성을 높이고 있다.
하지만 오히려 그 사례가 줄어들고
있는 것은 반대로 '감독의 역할과 선
수의 역할' 사이의 간격이 그보다 더
빠른 속도로 벌어지고 있기 때문이
다. 선수는 그라운드에서 벌어지는
플레이와 승부에 집중해야 하지만
감독은 후보, 2군, 심지어 아직 입단
하지 않은 예비신인까지 염두에 두
고 매 경기 뿐 아니라 시즌과 2~3
년 후의 구도를 그려야 하는 위치에
있기 때문이다.

후루타 아쓰야 : 1991년에 .340으로
포수로는 처음으로 수위타자가 되었
고, 2005년에는 2천안타를 기록했다.
1993년, 1997년의 센트럴리그 최우수
선수, 1997년과 2001년의 일본 시리
즈 최우수 선수, 골든 글러브 10회 선
정, 센트럴리그 우승 5번, 일본시리
즈 우승 4번

　　그런 점에서 한·미·일 3국을 통틀어 현재 시점까지 '최후의 감
독 겸 선수'였던 후루타가 팬들의 만류에도 불구하고 스스로 물러나
며 했던 이야기는 의미하는 바가 크다.

　　"한 사람이 감독과 선수, 둘 다 수행하기에는 야구가 너무 정교해
져버렸습니다."

견제구에 대한 팬들의 견제구호

    2008년 4월 1일, 부산 사직 홈 개막전에 선발 등판한 원정팀 SK 와이번스의 베네수엘라 출신 투수 다윈 쿠비얀은 단 한 개의 아웃카운트도 잡지 못한 채 다섯 개의 안타, 두 개의 볼넷을 내주며 7점(자책점은 8점)을 뺏기고 마운드에서 내려와야 했다. 1993년 뉴욕 양키스의 지명을 받은 유망주 출신으로 미국과 일본을 오가며 15년간 프로야구 선수 생활을 해온 베테랑이었으며, 서양 선수로서는 이례적이게도 하체를 이용한 투구동작을 함으로써 공 끝이 좋다는 평가를 받았던 수준급의 투수였던 그의 한국생활은 데뷔전이었던 그날 사실상 끝장이 나고 말았다.

    그날 그를 그렇게 무너지게 만든 것은 이전까지 상상도 하지 못했던 부산 관중들의 함성이었다. 그리고 그 중에서도 특히 결정적인 것은 견제구 하나를 던질 때마다 3만 명이 합창으로 잡아먹을 듯이 윽박질러오는 '마'라는 구호였다. 쿠비얀은 선두타자 정수근에게 안타를 맞은 뒤 마음을 가다듬기 위해 견제구를 몇 개 던졌지만, 그럴 때마다 하늘이 무너져 내리는 듯한 항의성 짙은 함성을 들으며(둥그렇게 모여 앉은 3만 명이 경기장의 중심인 마운드를 향해 한 목소리로 함성을 지르면, 투수에게는 말 그대로 하늘이 무너져 내리는 듯한 파동이 전달된다) 심리적인 면에서 완전히 붕괴되어버린 것이다.

쿠비얀은 가슴이 떨려 제대로 제구를 할 수 없었을 뿐 아니라 스스로 견제구 몇 개를 던지며 마음을 추스를 기회마저 빼앗긴 채 혼비백산하여 '될 대로 되라'며 공을 던져야 했고, 전혀 견제를 하지 못한 주자들은 마음껏 누상을 오가며 내야 수비진마저 흐트러뜨리고 말았다.

물론 상대 선수의 기를 꺾기 위해, 혹은 실책이 나왔을 때 비웃거나 야유하는 함성이 쏟아지는 것은 어느 나라 어느 구장이나 다르지 않다. 하지만 야구 선수가 해야 할 당연한 플레이에 해당되는 견제구 하나하나까지 기합을 넣어 꾸짖는 것은 흔한 일이 아니다. 그리고 부산 사직구장처럼 원정팀의 팬은 거의 없이 홈팀의 팬들로만 완벽히 만원을 이루는 야구장 역시 세계적으로 드물다. 나름대로 여러 나라 여러 팀에서 경험을 쌓은 쿠비얀의 얼을 빼놓은 것은 부산 사직구장 팬들의 그런 특별한 힘 때문이었다.

팬들은 여러 가지 경로로 경기에 개입한다. 경기 전 선수에게 응원의 메시지를 담은 편지나 간식을 전하기도 하고 갖가지 응원문구를 적은 피켓을 흔들거나 춤을 추어 흥을 돋우기도 한다. 하지만 그 중 가장 직접적이고도 강력한 무기는 (레이저포인터를 상대팀 선수의 눈에 쏜다거나 하는 불법적이고 위험한 행동을 제외한다면) '견제를 견제하는 구호'라고 할 수 있다.

고의사구를 바라보는 후속 타자의 분노

타자가 야구장에서 경험할 수 있는 가장 짜릿한 순간 중 하나는, 주자가 꽉 차 있는 만루상황에서 자신을 맞이한 상대팀 배터리가 일어선 채 공 네 개를 주고받는 상황이다.

만루 상황에서의 고의사구는 백 년이 넘는 미국 메이저리그의 역사에서도 2008년 8월 18일 9회말 투아웃 넉 점차 상황에서 텍사스 레인저스 조쉬 해밀턴을 맞이한 템파베이 레이스의 조 메이든 감독이 지시한 것을 포함해 모두 여섯 차례에 불과한 진귀한 기록이다(2차 세계대전이 끝난 이후로는 1998년 배리 본즈가 경험한 것과 더불어 두 번 뿐이다). 우리나라 프로야구에서는 아직 나온 적이 없지만 강혁, 조현 같이 선수 인생의 한때나마 '완전무결'로 통하던 선수들이 고교무대와 대학무대에서 한두 번씩 경험해본 상황이기도 하다.

그것은 상대가 한 점을 내주고라도 피해가고 싶을 만큼 강한 타자라는 것을 의미하며, 만약 거르지 않으면 1타점보다 훨씬 치명적인 공격을 가해올 것이 분명하다는 두려움을 증명하는 것이다. 스타크래프트나 바둑과 달리 야구에서는 항복이라는 것이 없지만, 고의사구는 상대 팀이 한 명의 타자를 상대로 흔들어대는 국지적인 백기라고 할 만하다. 하지만 반대로 앞 타자를 향해 고의사구가 던져지는 것을 지켜보는 대기 타석의 후속 타자에게, 그것은 '피가 거꾸로 솟는' 기분을 느끼게 한다.

물론 그의 앞에는 여전히 주자들이 누상을 가득 채운 상황이 이어지며, 오히려 추가된 한 점으로 상대 팀을 한 층 압박하며 절호의 동점, 혹은 역전의 대량 득점 기회가 주어지게 된다. 앞 타자가 내야안타나 상대방의 실책, 혹은 치열한 공방 끝에 골라낸 볼넷이나 사구(死球)를 맞고 출루한 경우와 상황은 조금도 다르지 않다. 하지만 심리 상태는 완전히 달라진다. 상대는 자신을 향해 '너희 팀은, 혹은 네 앞 타자는 무섭지만 너는 만만해'라고 시비를 걸어온 셈이고 끝내 범타로 물러난다면 눈앞에서 놓친 점수 한두 점을 떠나 상대의 노림수와 도발에 그대로 놀아나고 말았다는 불쾌함과 불길함을 심어주며 동료 선수들의 정신무장마저 흐트러뜨릴 수도 있기 때문이다.

2009년 봄, 김상현은 프로 9년차를 맞이하기까지 아무것도 이루어놓은 것 없이 유니폼만 두 번 갈아입고 친정팀 기아 타이거즈로 돌아와 있었다. 워낙에 빈약한 타선과 내야진 때문에 8개구단 최강의 선발진을 갖추어놓고도 연패와 역전패를 거듭하던 팀이었기에 곧장 선발 라인업에 낄 수 있었고, 힘 하나만큼은 인정받는 처지였기에 중심타선에 놓이기도 했다. 하지만 수년에 걸쳐 '2할 대 초반의 1.5군급 타자'로 각인되어 있던 그를 두려워하는 투수들은 아무도 없었다. 더구나 그의 앞 순번에 놓인 메이저리거 출신의 최희섭은 오랜만에 각성한 모습을 보이며 홈런왕 레이스를 시작한 상황이었다. 당연히 '최희섭만 피해가면 된다'는 필승 루트를 발견한 상대 투수들은 최희섭에게 무수한 고의사구를 던져댔고 후속타자들은 다시 무수한 잔루들을 남기며 '우린 아마 안 될 거야'라는 절망감만 쌓아가던 상황이었다.

그 무렵 김상현이 느꼈다고 털어놓았던 '피가 거꾸로 솟는 느낌'이란 아마도 이런 것이 아니었을까. 자기가 투수라 하더라도 최희섭 만큼은 피하고 싶었겠지만 감히 자신이 최희섭보다 못한 타자로 보이느냐고 항변할 상황이 아니라는 사실을 견디기 힘들었을 것이다. 밀리고 몰리다 보니 한도 끝도 없이 자신을 우습게만 보는 세상과 자신의 운명 전체를 향해 이를 갈게 되는 남자의, 인간의 원초적인 오기. 그리고 그렇게 언제까지나 자기들 계산대로 될 거라는 듯 여유를 부리는 거만한 상대 팀들의 발걸음에 어떻게든 어깃장을 놓고 싶은 승부욕.

하지만 그가 그저 그런 분노와 흥분만 실어 방망이를 거칠게 휘둘러댔다면 그는 결단코 '공갈포'라는 오명에서 벗어날 수 없었을 것이다. 여전히 변화구 대처능력이 부족했기에 '간혹 직구를 받아치면 끝도 없이 날아가는 타구를 날리지만 변화구만 던지면 만사형통'이라는 상대 투수들의 안일한 계산을 파고들어 오히려 변화구를 노리는 유연함. 그리고 홈런도 좋지만 단타나 희생 플라이 하나만으로도 상대를 응징할 수 있다는 마음으로 스스로의 심장을 식혀내는 냉정함을 유지할 수 있었기에 그는 '만루홈런의 사나이'로, 다시 '신데렐라'

와 '시즌 MVP'로 거듭날 수 있었다.

　롯데와 한화가 만났던 1999년 한국시리즈 4차전 6회말, 1승 2패로 몰린 채 다시 1대 1 동점 상황에서 1사 2, 3루의 위기를 맞은 롯데 자이언츠는 승부수를 던졌다. 한 점이라도 더 내주면 4차전을 잃을 가능성이 높았고, 그렇게 되면 1승 3패로 몰리며 시리즈를 내줄 가능성 또한 높아지기 때문이었다. 그래서 그 해 무려 45홈런과 109타점을 기록했던 한화의 외국인 4번 타자 로마이어를 고의사구로 걸려 만루를 만든 다음 서른 줄을 넘어서던 '이빨 빠진 호랑이' 장종훈을 상대하기로 했던 것이다. 로마이어보다 훨씬 쉬운 상대가 장종훈이기도 했지만, 느린 타자와 더 느린 1루 주자라면 병살을 노려봄직도 했기 때문이다.

　하지만 장종훈이 누구인가. 한국 프로야구 최초로 40홈런 시대를 열며 이승엽이 등장하기 전까지 '홈런왕'과 동의어처럼 불리던 선수가 아니던가. 그런 그 역시 입장을 바꾸어 투수로서 판단한다면 로마이어보다는 자신을 상대하는 것이 정답이긴 했다. 하지만 스타가 박수와 시선을 먹고 산다면 '전설'은 자존심을 먹고 산다. 그 역시 그 순간 느낀 것은 '피가 거꾸로 솟는' 기분이었음에 틀림없다.

　그러나 장종훈이 '나 아직 죽지 않았다'는 심정으로 그림 같은 만루홈런을 날려 명예회복을 하겠다고 덤볐다면, 나이는 어리지만 그 못지않게 노련했던 상대투수 주형광은 그 빈틈을 정확히 찔러왔을 것이고 한화 이글스는 지금까지도 '첫 우승'을 염원하는 고달픈 신세에 머물러야 했을지도 모른다.

하지만 장종훈은 병살을 노린 몸 쪽 낮은 공을 결대로 가볍게 잡아당겨 좌익수 머리 위로 띄웠고, 3루 주자 임수민을 홈으로 불러들여 그 경기와 시리즈 패권을 잡는 데 충분한 한 점을 만들어냈다. '홈런왕 장종훈'을 만든 것은 41개의 홈런이었지만, '이글스 우승의 주역 장종훈'을 만든 것은 그날 그 순간 거꾸로 솟구치려는 피의 기운을 다스림으로써 만들어낸 냉철한 희생 플라이 한 개였다.

고의사구라는 것이 꼭 한 가지 상황, 한 가지 동기에 의해서만 연출되는 것은 아니다. 그저 감당하기 어려운 강타자를 피해가기 위한 것도 있고, 타자와는 상관없이 비어 있는 1루를 채워 넣음으로써 병살을 노리기 위한 경우도 있다(그리고 물론 1984년과 2009년에 각각 김영덕 감독과 김재박 감독이 롯데의 홍문종, 홍성흔에게 지시했던 고의사구처럼, 이미 승패와 순위 싸움의 의미가 사라진 상황에서 자기 팀 선수에게 개인 타이틀을 챙겨주기 위한 것인 경우도 있다. 하지만 시즌 중 기록의 대상이 되는 영역 안에서 벌어진 사건이라고 하더라도 이미 승부의 세계 밖에서 벌어진 구차한 사건들인 세 번째 경우는 그저 논외로 치는 것이 좋겠다).

하지만 어떤 상황이든 고의사구는 피 말리는 승부이고 과감한 도박이며 고도의 심리전이기도 하다. 어떤 경우든 한 명의 주자를 더 내보내고 주자들을 한 베이스씩 더 전진시키는 위험을 감수하는 대신 조금이라도 쉬운 타자를 고르는, 그리고 조금이라도 병살의 가능성을 높이겠다는 선택이며, 선택한 타자를 향해서는 '칠 테면 쳐봐라. 너 정도는 병살로 잡아낼 자신이 있다'는 노골적인 도발을 던지는 셈이기 때문이다. 그래서 고의사구가 지시된 바로 다음 순간, 그 경기의 분수령이 될 만한 대단한 승부가 연출되곤 한다.

역설적이지만 프로들의 승부가 흥미로운 것은 그 결과가 실력에 의해서만 갈리는 것이 아니기 때문이다. 마땅히 저마다 최고인 그들의 승부는 그래서 백짓장만큼의 실력 차이 외에도 언제라도 그것을 메우고 뒤집을 수 있는 순간의 의지와 용기와 결단, 그리고 그 순간 끓어오르는 피의 기운을 잠시 멈추어 세우는 냉철함에 의해 결정되며, 바로 그 지점에서 각본 없는 드라마가 만들어지곤 한다.

맞이하는 타자와 지켜보는 타자, 그리고 그것을 지시하는 감독과 배터리의 피가 끓어오르고, 거꾸로 치솟고, 말라붙는 순간. 포수가 자리에서 일어서고 어떤 이들은 야유를 퍼붓기 시작하는 바로 그 순간에 또 어느 곳보다도 날카로운 승부처가 열린다는 것이 야구가 가지는 역설적인 매력이기도 하다.

지명타자에게 골든글러브란 무엇인가

　시즌 일정을 모두 끝낸 연말에 각 포지션별로 최고의 선수 한 명씩을 선정해 주는 상이다. 이름 그대로 야구 글러브 모양의 황금색 트로피가 주어진다. 원래 미국 메이저리그에서 골든글러브는 수비력만을 기준으로 각 포지션에서 가장 훌륭한 수비수를 가려 주는 상이다. 반면 수비력보다는 공격력으로 승부하는 선수들을 위해서는 '실버슬러거' 상이 따로 제정되어 있는데, 골든글러브와 마찬가지로 각 포지션마다 한 명씩의 선수들을 선정해 시상한다.

　하지만 한국의 골든글러브는 공격력을 기준으로 선정하고 시상하는 상이라고 보는 것이 옳다. 예컨대 2009년 시즌만 하더라도 3루수 부문에 선정된 김상현이나 외야수 부문에 선정된 박용택 등만 하더라도 각각 리그 홈런왕과 타격왕에 오른 선수들이긴 했지만 수비면에서는 결코 해당 포지션에서 리그 평균 이상의 수비력조차 보여주는 선수가 아니었기 때문이다. 더구나 수비력이라는 것을 선보일 기회 자체가 존재하지 않는 '지명타자' 부문마저 1984년부터 수상자를 선정하고 있다는 것만 보더라도 그것은 의심의 여지가 없다.

한국 프로야구에서도 프로 원년인 1982년에는 얼마나 실책을 적게 하는가를 나타내는 수치인 '수비율'로만 따져서 골든글러브 수상자를 선정하기도 했었다. 김용달(1루수, 68경기 출장), 황태환(투수, 6승. 3.86) 등 각 팀에서도 확실한 주전급이 아니었거나 결코 빼어난 성적을 거두었다고 할 수 없는 선수들이 골든글러브 수상자로 선정되었던 것은 그 때문이다.

하지만 당장 그 이듬해인 1983년부터는 '공격과 수비를 아울러 그 포지션 최고의 선수'를 선정하는 방식으로 전환되었다. 어떤 의미에서든 그 포지션을 대표하는 선수로 선정함으로써 서로에게 민망한 선수들로 채워진 수상자 명단이 상의 권위를 떨어뜨리는 것을 막기 위해서였다. 물론 그것은 실책의 많고 적음만으로는 수비력을 논하기 어려운 것이라는, 수비율이라는 척도 자체가 가지는 한계 때문이었다. 수비율을 유일한 기준으로 삼다 보니 골든글러브 시상 과정이 '수비 잘 하는 선수'를 가려내지도 못했던 것이다. 하지만 웬일인지 개선 방안은 '수비력을 정확히 평가하는 기준과 방법을 개발하자'는 대신 '야구 선수로서의 종합적 능력을 판단해 선정한다'는, 오히려 추상적인 방향으로 흐르고 말았다. 즉, '종합적 능력'이 기준이 되면서 사실상 수상자 선정의 핵심은 '수비력'에서 '공격력'으로 넘어가버리고 말았다. 원래 수비력보다는 공격력이 늘 더 눈에 두드러지게 나타나는 법이고, 또한 명료한 기록으로 남겨지기 쉽기 때문이다.

하지만 불꽃같은 타격 못지않게 우아한 몸놀림과 투혼 넘치는 파이팅으로 순간순간 탄성을 자아내는 명수비수들 또한 야구의 중요한 요소라는 점에서, 그것을 따로 칭찬하고 기리며 기억할 수 있는 매개를 가지지 못했다는 것은 안타까운 일이다. 골든글러브와 실버슬러거로 나누어 두 가지 능력을 견주는 미국의 경우처럼 시상 체계를 재편해야 한다는 의견이 나오는 이유다. 물론 여전히 '객관적이고 권위 있는 평가'가 가능할 만큼 한국 프로야구의 환경이 성숙했는가는, 여전히 의문이 남는 대목이다.

한국 프로야구에서 가장 많은 골든글러브를 모은 선수는 8개씩을 가져간 양준혁과 한대화였고, 그 다음은 7개씩을 모은 이승엽과 김동수였다.

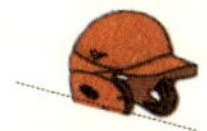

투수 최동원의 통산타율은?
규정타석과 규정이닝

타율이란 안타를 쳐내는 비율 혹은 확률을 가리키는 '안타율'의 줄임말이다. 안타는 타자에게 요구되는 가장 기본적인 임무이기 때문에, 타율은 타자들의 공격력을 보여주는 가장 기본적인 기록이다.

하지만 타율은 말 그대로 비율이기 때문에 평가 척도로서 맹점이 있는데, 타수가 너무 적을 경우에는 운이나 우연 같은 변수에 의해 과대포장되거나 반대로 과소평가될 가능성이 크다는 점이다. 1984년 딱 한 번 들어선 타석에서 2루타를 기록했던 투수 최동원의 경우 통산타율이 10할이지만, 그가 통산타율 .331의 장효조보다 더 뛰어난 타자였다고 말할 수 없는 것처럼 말이다.

따라서 타자들이 기록한 타율이 '그 타자의 가치를 가늠하는 의미 있는 도구가 될 수 있는지' 그리고 '비교의 가치가 있는지'를 표시하기 위해 최소한의 타석수 이상을 기준으로 규정하고 있으며, 그것을 넘어선 타자들의 타율만을 공식적인 비교와 평가의 대상으로 삼고 있다.

한국야구위원회는 규정타석을 그 타자의 소속팀이 치른 전체 경기 수의 3.1배로 규정하고 있다. 예를 들어 각 팀이 한 해에 133경기를 치르는 한국 프로야구에서는 시즌이 마무리된 시점에서 133의 3.1배인 412번 이상 타석에 들어선 타자들의 타율만이 공식적으로 의미 있는 기록으로 인정된다. 보통 선발 출장한 타자들이 한 경기에 4타석 내지 5타석 가량 들어선다는 점을 생각하면, 간혹 쉬는 날은 있더라도 기본적으로 빠지는 날보다는 뛰는 날이 많은 '준주전급 이상'의 선수들만을 비교 대상으로 삼는다는 것이다.

투수들의 평균자책점 역시 마찬가지다. 평균자책점은 비율은 아니지만 '매 9이닝 당 몇 점의 자책점을 허용하는가'를 표시하는 평균치이기 때문에 타율과 마찬가지로 투구이닝이 적을수록 운과 우연의 영향을 받기 쉽다.

규정이닝은 '소속팀이 치른 경기수와 같은 이닝 수'로 규정된다. 즉, 한국 프로야구에서는 한 해에 133이닝 이상을 던진 투수들의 평균자책점만을 의미 있는 비교의 대상으로 삼고 있으며, 당연히 최우수 평균자책점투수 선발의 기준으로 인정하고 있다.

기아 타이거즈

서울대 나온 부모를 둔 삼수생 아들처럼, 앞 세대의 선배들이 쌓아올린 엄청난 업적에 오히려 짓눌려 허우적거리려온 팀. 한국시리즈 9회 우승의 독보적인 전설을 가진 팀 해태 타이거즈를 인수해 2000년 시즌 후반기부터 한국 프로야구 리그에 뛰어들었지만 9년간 우승권에 다가가지 못한 채, IMF가 닥치기 전까지의 해태 타이거즈가 단 한 번도 경험해보지 못했던 꼴찌로도 두 번이나 떨어지는 수모를 겪었다. 그 와중에 해태 타이거즈의 팬들은 스스로 기아 타이거즈의 팬이기를 거부했고, 기아 타이거즈 구단 역시 남들 다 하는 '올드 유니폼데이' 한번 치르지 못하면서 당당히 해태 타이거즈의 후계자임을 과시하지 못했던 쓰린 시간을 보냈다.

하지만 기아 타이거즈는 2009년 트레이드되어 오자마자 폭발한 만년 유망주 김상현과 외국인 투수 듀오 구톰슨, 로페즈의 맹활약에 힘입어 정규리그 우승을 차지했고 한국시리즈에서도 7차전에서 터져나온 나지완의 극적인 역전 끝내기홈런으로 한국시리즈 3연패에 도전하던 SK 와이번스를 꺾었다. 드디어 '해태' 시절의 9회 우승에 더해 10회째 우승을 달성한 셈이다.

기아 타이거즈는 그 한 번의 우승으로 해태 타이거즈라는 영광스럽고도 부담스러운 과거와 화해하는 데 성공했고, 해태 타이거즈의 팬들 역시 기아 타이거즈의 팬으로 돌아오기 시작했다. 그것은 한 구단과 그 팬들 뿐만 아니라, 해태 타이거즈라는 가장 위대한 역사의 한 부분을 현재로 연결한 한국 프로야구 전체에 커다란 의미를 가지는 사건이었다.

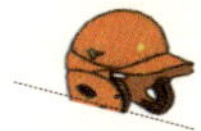

조회 수에 일희일비하는
야구 기자의 존재감

경기장에 오지 못한 이들에게도 경기의 내용을 전달하는 것. 선수나 지도자들을 만나 취재하며 경기의 내용을 예측하거나 경기의 결과를 분석하는 것. 혹은 구단이나 한국야구위원회 등 프로야구를 둘러싼 흐름과 여러 가지 의미 있는 사건들에 대해 알리거나 여론을 조성하는 것. 대략 이런 것들이 기자들의 임무라고 알려져 왔다.

하지만 야구 팬들이 매일 프로야구 경기기록과 상보기사를 읽기 위해 출근길 지하철 매점에서 스포츠신문을 사던 시대는 흘러가버렸다. 실제로 2000년대 후반 이후로는 전 경기가 중계방송 되는 케이블 TV를 통해 경기장에서보다 안방에서 더 생생하고 정확하게 경기 내용을 알 수 있을 뿐만 아니라 인터넷을 통해 상세한 경기기록과 주요 장면들까지 언제든 볼 수 있기 때문이다.

그리고 각 구단 홍보팀이 더 확장된 영역에서 더 적극적으로 활동함에 따라 기자들은 기자실에 가만히 앉아만 있어도 식사와 간식과 그날 경기와 연관된 각종 기록이나 예상 달성기록부터 홈런이 나오면 어느 정도 구속의 어떤 코스, 어떤 구종이 몇 구째에 몇 미터를 날아가 어디에 떨어졌는지 따위의 실시간 기록, 그리고 경기 후 양 팀 감독과 수훈선수 인터뷰 내용까지 받아낼 수 있게 되었다. 굳이 눈에 불을 켜고 선수들의 플레이를 주목하지 않아도, 경기 전 관련 자료들을 직접 섭렵하지 않아도, 그날 경기의 주역들을 만나기 위해 경기 후반쯤부터 인터뷰 문안을 만들어내고 더그아웃 앞에서 서성이는 따위의 수고를 않아도 된 것이다.

그래서 경기가 벌어지는 동안 기자실에서 기자들이 흔히 하는 일이란 노트북을 통해 채팅하기, 바둑두기, 고스톱치기 정도가 되며, 경기 진행 상황 역시 눈앞의 실황보다는 인터넷 포털 사이트가 제공하는 '실시간 문자중계'에 의존하게 된다. 물론 그런 사정들이 어렴풋이나마 알려지게 되다 보니 야구팬들 역시 기자들이란 '팬들보다 조금 더 안쪽에 앉아 있다가 얻어들은 하찮은 이야깃거리들에 자극적인 줄기를 만들어 넣어 괜한 평지풍파를 일으킴으로써 인터넷 포털에 걸린 자신의 기사 조회 수 올리기에만 골몰한 각다귀떼'로 인식하는 경향도 생겨나고 있다.

물론 인터넷과 케이블 TV가 아무리 발달한 시대라고 해도 기자들의 역할이 무의미해지는 것은 아니다. 구단이건, KBO건 '보여주고 싶지 않은 구석'이란 있기 마련이며, 대개 야구계의 운명을 가르는 중요한 결정들은 그런 영역에서 이루어지기 때문이다. 그리고 팀워크를 만드는 어느 고참 선수의 희생이라든가 부상이나 세월의 힘과 싸우는 어느 승부사의 눈물겨운 승부수 따위처럼 정말 알려져 인정받고 격려받아야 할 단면들은 언론사 카메라가 비추어지지 않는 곳에서 일어나기 때문이다.

그런 점에서 오늘날의 '야구기자'란 변화하는 미디어 환경의 한 가운데에 서 있는 존재이다. 그 자리에 안주하기로 마음먹는다면 이전까지 요구되던 임무들이 너무나 손쉽게 처리되는 안락함과 편리함을 누릴 수 있을 테지만, 밀려오는 새로운 환경 속에서 요구되는 임무를 자각하지 못함으로써 부지불식간에 도태되고 버림받을 수도 있다.

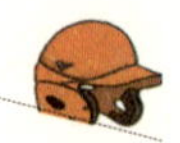

요란한 축하 세례와 황망한 퇴장의 오버랩,
끝내기안타

9회, 혹은 연장 이닝의 말 공격에서 경기를 끝내는 한 점을 만들어내는 마지막 안타(혹은 홈런). 그래서 그 안타가 터지고 역전 주자가 홈을 밟는 순간 그대로 경기를 끝내게 되는 안타를 '끝내기 안타'라고 부르며, 모든 선수와 관중들에게 작별을 고하는 안타라는 의미에서 '굿바이 안타'라고도 부른다.

끝내기 안타는 야구가 홈 관중들에게 줄 수 있는 최고의 선물이다. 끝내기 안타란 9회말 이후까지 최소한 동점이거나 최악의 경우 지고 있는 위기상황에서만 나올 수 있으며, 또한 후공(後攻)을 하는 홈팀에게만 기회가 주어지기 때문이다. 길게는 네다섯 시간 이상 승리와 패배 사이에서 기도하는 마음으로 가슴 졸이며 지켜봐온 홈구장의 팬들이 그 모든 불길한 예감을 한 순간에 날려버리며 할 수 있는 모든 방식으로 기쁨을 표현해도 되는 극적인 한 순간을 만드는 것이 바로 끝내기 안타다.

그래서 끝내기 안타가 터져 나오면 모든 팀 동료들은 한꺼번에 그라운드로 달려 나와 주인공에게 물세례를 퍼붓거나 분칠을 해대는 요란한 축하연을 벌이게 되고, 그제까지 경기장을 지키고 있던 팬들 역시 또 한 번 작은 역사의 현장을 지킨 주역이 되었다는 자부심에 상기된 얼굴로 환호하며 그 향연을 함께 하곤 한다.

물론 반대편 더그아웃과 응원석에서는 또 다른 풍경이 펼쳐진다. 마지막까지 놓지 않았던 승리에 대한 갈망이 결국 물거품이 되어버린 그곳에서는 그래도 장하게 싸웠다는, 한 평생 야구 하다 보면 이런 일을 수도 없이 겪기 마련이라는 위로와 토닥거림이 이곳저곳에서 나누어진다. 또 그래도 못내 아쉬운 마음에 눈물이 배어나오는 붉은 낯을 가리려 이쪽저쪽 고개 돌릴 곳을 찾는 서먹함이 이어지기도 한다.

그리고 그 순간 마운드에서 더그아웃까지, 입을 굳게 다문 채 차마 눈물을 흘릴 염치마저 없다는 듯한 황망한 얼굴로 삶의 모든 무게를 짊어진 듯 고행을 하는 투수가 있다. 대개 끝내기 안타를 맞는 것은 동료들로부터 가장 커다란 믿음과 기대를 맡아 짊어지고 있던 마무리 투수이며, 바로 그 안타 한 개를 내주지 않기 위해 감독의 특별한 승부수로 낙점되어 내보내진 최후의 보루였을 것이다.

하지만 더욱 세밀하게 그 순간의 아픔을 함께 나누어본 사람이라면, 가까이는 내야에서, 멀리는 외야 저 끝에서부터 한쪽에 뒤엉켜 환호하는 승자들의 환호성을 애써 피하느라 빙빙 돌아온 야수들이, 다시 가장 무거운 자책의 멍에를 지고 비틀거리는 투수를 앞질러야 할지 뒤따라야 할지 몰라 엉거주춤 뒤엉키는 모습을 본 적이 있을 것이다. 더구나 바로 앞 순간 결정적인 실책을 저질렀거나 앞선 공격에서 어이없는 병살타를 만들어 승부를 결정지을 기회를 날리며 바로 그 순간의 빌미를 만든 이가 있었다면, 그가 패전투수의 등 뒤에서 어떤 몸짓을 하고 어떤 눈짓을 하는지도 볼 수 있었을 것이다.

그렇게 끝내기 안타, 아니 때로는 끝내기 실책, 끝내기 폭투, 끝내기 밀어내기 따위가 연출되는 순간 야구장은 그곳에서 우리가 느낄 수 있는 가장 높은 승리의 환희와 가장 깊은 패배의 슬픔, 가장 뜨거운 축하의 열기 속에 가장 무거운 자책감과 미안함이 동시에 터져나와 곳곳에서 소용돌이를 치게 된다.

한국 프로야구 사상 가장 많은 끝내기 안타(10개)를 때려냈던 것은 삼성의 김한수였다. 하지만 그 역시 선수생활 전체를 돌아보며 잊지 못하는 순간은 그 수많은 끝내기 안타가 아니라 1999년 롯데와의 플레이오프 7차전 연장 11회에 김민재가 안타를 쳤을 때 홈 중계 악송구로 한 점을 헌납하면서 팀의 그 해를 끝내버렸던 실책의 순간이었다고 말한다. 우리의 삶이 그렇듯 야구장에서도, 자랑스럽고 뿌듯한 기억은 강하지만 금세 휘발해버리고 '나 때문에'라는 자책의 느낌은 깊게 새겨진 채 결코 지워지지 않는 법이다.

야구는 누가 더 빠르고 더 강한지를 겨루는 종목이 아니라, 누가 더 실수하지 않고 버티느냐를 겨루는 경기라고 말한다. 그래서 한 판의 경기는 고작 대여섯 개의 극적인 홈런과 안타, 그리고 수십 수백 개의 당연히 잡아야 할 타구, 당연히 때려야 할 실투, 당연히 달렸어야 하는 기회들로 이루어진다. 그리고 바로 그런 점에서 너무 느리고 너무 길어서 단조로운 것이 야구라는 편견과 선입견 속에서도 매 순간 물밑에서 역동하는 승부의 긴장감을 즐기는 것이 야구팬이다.

그래서 내일 또 '플레이볼'은 외쳐질 것이고, 누군가는 결정적인 한 방을 쳐내고, 누군가는 어이없는 실책을 범할 것이다. 하지만 그 모든 것은 결정적이지도 어이없지도 않은 평범한 플레이를 위해 어린 시절부터 인생 전부를 걸고 승부하는 사나이들의 삶 위에서 이루어지고 있다는 것을 알아야 한다. 그리고 그런 순간들을 지켜보는 야구팬들은, 함부로 그들의 삶을 비웃지 못한다. 진지하게 삶을 사는 이들이 또 다른 각자의 삶에 대해 그렇듯 말이다.

1이닝 4삼진이 가능한 이유, 낫아웃

투 스트라이크 상태에서 타자가 헛스윙을 하면 당연히 스트라이크 아웃이 되지만, 그 마지막 공을 포수가 노바운드로 잡지 못하면 다시 잡아서 타자를 태그하거나 타자보다 먼저 1루로 송구해서 베이스 터치를 하기 전까지는 '아웃이 아닌(Not Out)' 상태가 된다. 물론 타자가 공보다 먼저 1루에 도착하면 살아 있는 주자로서 인정이 된다.

하지만 2사가 아닌 상황에서 이미 1루에 주자가 있는 상태라면 낫아웃은 성립하지 않는다. 수비 팀이 낫아웃을 빌미로 주자와 타자를 모두 잡는 병살 플레이를 만들어낼 가능성이 있기 때문이다.

낫아웃의 재미있는 점은 타자가 누상에 살아 나감에도 불구하고 기록상 투수는 분명히 삼진을 하나 잡은 것이 되며 타자 역시 삼진을 하나 당한 것이 된다는 점이다. 그래서 이론상으로는 한 이닝에 세 개가 아닌 수십 개의 삼진이라도 기록될 수 있다.

SK 와이번스의 에이스 김광현은 안산공고 2학년이던 2005년 6월 30일 제 59회 황금사자기 고교야구대회 16강전에서 1회초 포철공

고의 1, 2번을 헛스윙 삼진으로 잡은 뒤 3번 타자에게도 헛스윙 삼진을 잡았지만 포수가 공을 놓치는 바람에 낫아웃 상태로 살려 보냈다. 하지만 이어진 4번 타자 역시 헛스윙 삼진으로 잡아내면서 이론상으로만 가능하다던 '1이닝 4삼진'을 선보였다.

프로무대에서도 비슷한 일이 벌어진 적이 있다. 2003년 5월 5일, 수원에서 열린 현대 유니콘스대 기아 타이거즈의 경기 연장 10회 초에 현대의 마무리 조규제는 2사 3루 상태에서 연달아 두 명의 타자를 삼진으로 잡아냈지만 포수가 공을 빠뜨리며 낫아웃으로 출루시켜 만루의 위기를 자초했다. 하지만 찬스에서 들어선 타자 김상훈이 또다시 삼진을 당하면서 투아웃 이후에 세 타자가 삼진을 당하는 진풍경을 만들어내기도 했다.

한편, 낫아웃 때문에 승부가 뒤집히는 사태가 벌어진 적도 있었다. 1997년 8월 23일 대구구장에서 벌어진 삼성 라이온즈와 쌍방울 레이더스 간의 더블헤더 1차전. 1-4로 뒤진 채 9회 초까지 끌려가던 쌍방울의 대타 장재중이 2사 1, 2루, 투 스트라이크 원 볼 상황에서 헛스윙을 하자 주심은 스트라이크 아웃과 경기 종료를 선언해버렸고 타자 장재중은 머리를 푹 숙인 채 자기 팀의 더그아웃으로 걸어 들어가고 있었다. 그리고 삼성의 포수 김영진은 마지막 삼진을 잡은 볼을 팬 서비스로 3루 관중석에다 던져버렸다.

하지만 장재중이 헛스윙 한 마지막 공은 한 번 바운드를 하고 들어온 공이었고, 따라서 그 상황은 '낫아웃'이었다. 김성근 쌍방울 감독이 이 점을 지적하며 항의하자 심판진은 실수를 인정하고 경기종료를 번복한 채 경기를 속행했다. 게다가 '경기 중 송구가 관중석에 들어간 경우'에 해당했기 때문에 타자 장재중을 비롯한 세 명의 주자에게 모두 2개의 진루가 허용됨으로써 2루 주자가 홈인했고, 뒤이어 들어선 타자들마저 맥이 풀린 투수 김태한을 연달아 두들겨 결국 경기는 6대 4로 역전이 되어버리고 말았다.

애초에 낫아웃이라는 제도가 생긴 것은 스트라이크와 볼의 구분이 없던 초창기 야구에서 투수가 의도적으로 '칠 수 없는 공'을 던짐으로써 삼진을 잡는 것을 막기 위해서라고 한다. 말하자면 '포수가 잡을 수 있는 공'이 스트라이크를 뜻하던 시절의 흔적이라는 것이다. 하지만 이미 스트라이크와 볼의 구분이 엄격해진 지금에 이르기까지 그 제도가 살아남아 힘을 발휘하는 것은 무엇 때문일까? 포수 뒤쪽에 공을 흘려둔 채 엉거주춤 경기의 한 마디를 끝내는 것을 보고 싶지 않았던 야구팬들의 미학적이고 심리적인 욕구와 관련을 맺고 있는 것은 아닐까?

치기도 어렵지만 포수가 잡기에도 난감한
너클볼

메이저리그의 마지막 4할 타자로서 자신이 역사상 최고의 야구 선수 중 한 명이라는 사실에 대한 무한한 자긍심을 가지고 있던 테드 윌리엄스가 저서 《타격의 과학》에서 너클볼(knuckle ball)에 대해 적어놓은 부분이 있다. 수많은 사례들을 통해 사람들이 흔히 최고의 선수였다고 기억하는 이들에게 어떤 점이 부족했는지, 그리고 그에 비추어 자신은 얼마나 완벽한 선수였는지를 지겹도록 반복해서 강조하는 그 책에서, 너클볼에 관해 언급한 부분은 유일하게 자신의 한계를 인정하는 겸손한 대목이다.

"너클볼에 관해서라면 나는 할 말이 없다. 나도 그걸 제대로 쳐본 적이 거의 없기 때문이다. 하지만 그래도 조언을 원한다면 이렇게 말해주겠다. 최대한 방망이를 짧게 쥐고, 오직 맞히는 데만 주력하라. 그 공을 당겨 쳐서 장타를 만들어내는 것은 거의 불가능하다. 하지만 너클볼은 포수도 잡기 어려운 공이라는 점을 위로로 삼을 수는 있을 것이다."

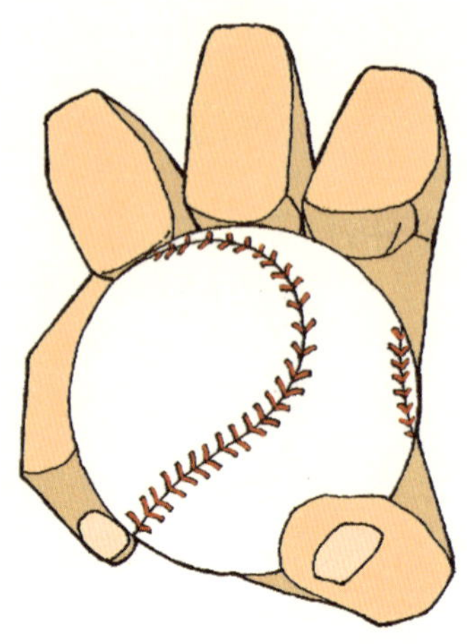

너클볼 쥐는 법

너클볼은 손가락을 구부린 채 쥐고 던짐으로써 공이 전혀 회전하지 않게끔 하는 구종이다. 손가락 관절(knuckle)을 구부린 채 쥐기 때문에 '너클볼'이라는 이름이 생겼다. 그렇게 손가락을 구부리고 공을 쥔 채 던지면 공이 회전하지 않으면서 날아가게 되고, 그러면 실밥 때문에 불규칙한 야구공의 표면이 공기의 저항에 부딪히며 불규칙적인 움직임을 만들어내게 된다. 따라서 그 공은 타자 앞에서 '나비처럼 팔랑거리며 춤을 추듯' 날아오게 되며, 타자가 정확히 때려낼 수 없게 되는 것이다.

하지만 포수 역시 잡기 어렵기 때문에 패스트볼이 될 위험이 높다는 것 외에, 또 한 가지의 단점이 있다. 완벽한 너클볼을 던지기는 대단히 어려우며, 약간 잘못되어 두세 바퀴라도 회전을 하게 된다면 바

로 밋밋한 직구가 되어 배팅훈련 때 타격코치가 토스해주는 공만큼
이나 크게 얻어맞기 쉬운 공이 된다는 점이다. 나라마다 '너클볼러'
라고 불리는 투수들이 있긴 하지만 그 수를 손가락으로 꼽을 수 있는
이유는 그 때문이다.

그럼에도 불구하고 직구의 구속과 구위로써 승부하는 데 한계를
느끼는 투수들에게 너클볼은 늘 매력 있는 도전 과제다. 완벽하게만
구사한다면 타고난 어깨의 강인함을 가지지 못했더라도 타자를 쉽게
제압할 수 있다는 점, 그리고 어깨에 무리를 주지 않기 때문에 투수로
서 장수할 수 있다는 점 때문이다.

10이닝 무안타 무실점으로도 기록하지 못한
노히트노런

선발투수가 경기 내내 단 한 개의 안타도, 점수도 내주지 않은 채 경기를 승리로 마무리하는 것을 말한다. 거기에 더해 4사구나 실책으로라도 주자를 단 한 명도 내보내지 않는다면 한 단계 더 높은 경지인 '퍼펙트게임'으로 기록된다. 그래서 노히트노런(No hit - No run)이란 대개 9회까지 4사구나 야수들의 실책으로 한두 명을 내보내는 것만으로 상대타선을 봉쇄하는 경우에 완성되지만, 갑작스레 굵어진 빗방울 때문에 강우콜드게임으로 경기가 끝나버리는 경우 5회만 던지고도 노히트노런 기록을 수립하는가 하면(1993. 5. 13. 쌍방울 상대. 롯데 박동희) 팀 타선이 전혀 도움을 주지 못해 단 한 점도 뽑아내지 못하는 통에 10이닝을 무안타 무실점으로 틀어막고도 경기를 끝내지 못한 채 아무 기록으로도 인정받지 못하는 경우(2004년 한국시리즈 4차전. 배영수)도 있다.

대개 상대 타선을 세 차례 이상 상대하면서 단 한 개의 안타도 허용하지 않으려면 어느 정도 압도적인 구위를 가져야만 한다. 머리싸움만으로 최소한 27번의 승부를 번번이 승리로 이끈다는 것은 쉽지 않은 일이기 때문이다. 따라서 상대 타자가 '알고도 못 치는' 압도적인 직구는 노히트노런을 기록하기 위해 투수가 갖추어야 할 필수적인 무기라 할 수 있다. 지난 2001년 샌디에이고와의 경기에서 무려 10개의 4사구를 내주고도 노히트노런에 성공한 A. J. 버넷이 그 대표적인 경우다. '강하고 빠른 공'을 가진 투수들이 대개 가지는 약점인 '제구력 불안' 때문에 허용하곤 하는 4사구는 몇 개가 나오더라도 무방한 것이 노히트노런 기록이기 때문이다.

하지만 실제로 정규시즌과 포스트시즌을 통틀어, 그리고 5회 만에 달성한 박동희의 기록까지 포함해 2010년 현재 한국 프로야구사에서 단 열 두 차례(미국 메이저리그에서는 2010년 7월 27일 템파베이의 맷 가자가 기록한 것까지 모두 268번 기록되어있으며, 일본 프로야구에서는 73번 기록되어 있다)만 나온 노히트노런 중에는 그런 '압도적인 구위'와는 거리가 먼 투수들도 꽤 된다.

예컨대 한국 프로야구 사상 첫 노히트노런을 기록한 방수원(해태)이나 3호 기록의 주인공인 장호연(OB)의 경우에는 직구 구속이 좀처럼 시속 130km대 초반을 벗어나지 못하던, 각자 당대에 공 느리기로 첫 손가락에 꼽히던 투수들이었다는 점을 생각해보면 그렇다. 특히 방수원은 성적이 괜찮을 때는 계투요원, 나쁠 때는 패전처리 투수였는데, 노히트노런을 기록한 1984년 5월 5일, 그의 등판은 갑자기 선발진에 구멍이 생겨 '땜질'로 출전해서 얻은 것이었다. 팀에서는 2~3이닝 정도만 버텨주길 바랐지만 그는 언제 교체될지 모르는 불안감 속에서 '맞춰 잡는' 피칭으로 한 이닝 한 이닝을 힘겹게 막아냈고 마침내 대기록을 달성했다. 방수원이 그해 기록한 유일한 승리는 바로 그 노히트노런이었다. 어쩌면 '이 정도 공에 노히트노런을 당할 수는 없다'는 조바심이 타자들을 허둥거리게 만든 것은 아니었을까.

노히트노런을 달성한다고 해서 투수에게 2승이 주어지는 것도 아니고, 그렇게 당한다고 해서 상대 팀이 2패를 감수해야 하는 것도 아니다. 하지만 늘 나오는 기록이 아니다 보니 삼십여 년 전에 작성된 기록도 늘 누군가에게 기억되고 언급되며 되새겨지기 마련이다. 그래서 그 영광도 보통의 1승보다는 생명력이 길고 그 치욕도 보통의 1패와는 비교할 수 없을 만큼 질기게 이어지곤 한다. 그런 점에서도 역시 야구의 생명은 '기억'이고, '이야기'다.

한국 프로야구 노히트노런 기록

일자	소속팀	투수	상대팀	탈삼진	사사구
1984년 5월 5일	해태	방수원	삼미	6	3
1986년 6월 5일	롯데	김정행	빙그레	5	4
1988년 4월 2일	OB	장호연	롯데	0	3
1988년 4월 17일	빙그레	이동석	해태	5	0(2실책)
1989년 7월 6일	해태	선동열	삼성	9	3
1990년 8월 8일	삼성	이태일	롯데	4	3
*1993년 4월 30일	쌍방울	김원형	OB	6	1
1993년 5월 13일	롯데	박동희	쌍방울	6	1
1993년 9월 9일	LG	김태원	쌍방울	4	3
**1996년 10월 20일	태평양	정명원	해태	9	3
1997년 5월 23일	한화	정민철	OB	8	0(1실책)
2000년 5월 18일	한화	송진우	해태	6	3

*6회 강우콜드 게임, **한국시리즈

돌이킬 수 없는 누의공과

말 그대로 '베이스(루)를 그냥 지나쳤다'는 뜻. 한 베이스를 정확히 밟지 않은 채 다음 베이스로 진루한 경우, 수비 팀의 지적을 심판이 받아들이면 타자(주자)는 아웃되고 정확히 밟은 베이스까지의 진루만 기록하는 것이다. 예컨대 안타를 치고 3루까지 진출했지만 2루를 정확히 밟지 않았을 경우에 타자는 아웃되며 기록은 단타로 수정된다.

　일본 요미우리 자이언츠에서 뛰던 이승엽은 2006년 6월 11일, 지바 롯데 마린스를 상대로 1대1로 맞서 있던 3회 초 2사 1루 상황에서 상대 선발 와타나베의 공을 잡아당겨 우측 펜스를 넘기는 투런 홈런을 날렸다. 하지만 홈으로 돌아온 뒤 1루에 있던 선행주자 오제키 다쓰야가 홈인을 하는 과정에서 3루를 밟지 않았다는 롯데 마린스 측의 항의가 심판에 의해 받아들여졌고, 롯데 측이 투수 와타나베로부터 넘겨받은 공으로 3루 베이스를 터치함으로써 두 점의 득점은 무효화된 채 롯데의 공격이 마무리되고 말았다. 그리고 이승엽의 홈런 기록 역시 취소되어 '우월 단타'로 수정되어야 했다.

　한국에서도 누의공과 때문에 홈런이 안타로 '격하'되는 경우가 간혹 발생하곤 한다. 한 예로 1999년 4월 21일에는 당시 한화 이글스 소속이던 송지만이 쌍방울 레이더스와의 경기에서 6회 말에 2점 홈런을 때렸지만 홈 플레이트를 밟지 않았던 것이 확인되면서 홈런은 3루타로 둔갑하기도 했다.

빠른 공 투수 사이의 블루오션, 느린 공 투수

투수는 타자가 치지 못하게끔 공을 던지는 선수다. 그리고 가장 치기 어려운 공은 미처 조준하고 방망이를 휘두를 틈도 주지 않고 미트로 빨려들어가는 강속구다. 하지만 모든 투수들이 타자를 이겨낼 수 있을 만큼의 빠른 공을 던지지는 못한다. 야구에서 시속 150킬로미터짜리 강속구란, 농구에서의 덩크슛만큼이나 유전자와 하늘의 허락을 필요로 하는 일이기 때문이다.

방수원, 장호연, 성준, 전병호. 그들은 최고구속이 시속 140km를 넘지 못한 투수들이었다. 하지만 방수원은 한국 프로야구 최초의 노히트노런을 기록했고, 성준과 전병호는 각각 통산 97승과 72승을 기록하며 한 시대를 풍미했다. 장호연은 통산 109승을 올린 거장이었고, 그 역시 노히트노런 기록을 작성하기도 했다. 그들 모두 어차피 '빠름'으로 승부할 수 없다는 것을 자각하고 반대로 '느림'을 무기로 삼은 이들이었다.

느린 공 투수들의 대부 격인 장호연은 강한 어깨를 가지지 못했기 때문에 빠른 공을 던질 수 없었을 뿐만 아니라 손가락이 짧아 변화구도 제대로 던지기 어려운 투수였다. 하지만 그는 타자가 노리는 것을 찾아내어 집요하게 그 반대편을 노리는 머리싸움, 그리고 짧은 손가락이나마 끊임없이 옮겨 쥐고 바꿔 채며 자기만의 구종을 개발해 맞서는 승부사였다. 그는 교과서적인 궤적을 그리는 정확한 변화구를 구사해본 적이 별로 없었지만, 반대로 그가 던져보지 않은 변화구도 없으며, 아무도 던져보지 못했기에 이름조차 붙여지지 않았던 변종 구종을 수도 없이 만들어내고 던졌던 투수였다. 그는 투수판과 홈플레이트 사이, 그리고 투수와 타자의 머리 사이에도 얼마든지 자기만의 영역으로 삼을 수 있는 '블루오션(blue ocean)'이 있다는 점을 보여준 투수였다.

반면 성준은 끈질기게 물고 늘어지며 타자의 신경을 건드리는 것으로 무기를 삼은 대표적인 선수였다. 그는 마운드 위에서 수시로 모자를 고쳐 쓰고 거듭 로진백을 만지며 시간을 끌어 타자의 집중력을 흐트러뜨렸고, 마치 방망이 깎는 노인처럼, 단 한 개도 정면승부란 없다는 듯 스트라이크존의 구석 중에서도 구석으로만 심어넣느라 심혈을 기울였던 투구의 장인이었다. 그래서 그가 등판하는 날이면 양 팀 선수들은 일찍 퇴근하겠다는 기대를 일찌감치 접곤 했고, 경기장과 TV 앞의 관객들 역시 쉬는 시간마다 미리 방광을 비워두느라 부산을 떨어야 했다. 더 강한 자가 이기는 것이 승부이기도 하지만, 먼저 평정심을 잃는 자가 지는 것도 승부라는 점을 보여준 선수가 바로 성준이었다.

오직 발로만 승부하는 대주자

야구경기가 시작되는 순간 각 팀에서 경기장에 나서는 선수는 10명이다. 아홉 명의 야수와 타자, 그리고 한 명의 투수. 하지만 그 10명만으로 경기를 치르는 경우는 거의 없다. 선수들의 체력과 집중력이 한결 같이 유지되기에는 꽤 긴 시간 동안 경기가 계속될 뿐만 아니라, 경기의 흐름에 따라 무언가를 노리고 승부수를 던져야 할 순간이 오기 때문이다. 그래서 경기가 진행되는 동안 감독은 부지런히 빼야 할 선수와 대신 넣어야 할 선수를 고르고, 결국에는 스무 명 안팎의 선수가 그라운드를 밟게 된다.

교체멤버의 대부분은 힘이 떨어진 투수를 대신해 마운드에 올라가는 구원투수고, 결정적인 순간에 상대 투수를 공략할 특명을 받고 타석에 들어서는 대타들이다. 하지만 앞서가고 있는 경기의 한두 점을 지켜내기 위해 대수비를, 혹은 결정적인 한 점의 가능성을 높이기 위해 대주자를 투입하는 경우도 있다. 예컨대 만회의 1점을 뽑지 못하면 경기를 내주어야 할 9회 말의 어느 순간에 체중 100kg이 넘는 거구의 거포가 선두타자로 나와 단타를 치고 나가 1루 주자가 되는 순간이 그렇다. 그래서 대주자 요원들이란 구원투수나 대타보다 존재감이 떨어지는 선수들인 경우가 많지만, 경기의 흐름상 팽팽한 승부에서 등장하는 경우가 대부분이다.

대주자에게 필요한 것은 무엇보다도 빠른 발이다. 공격도, 수비도 필요 없고 오직 누상에서 출발해 발만을 활용해 홈까지 돌아오는 것이 그에게 주어진 유일한 임무이기 때문이다. 하지만 그 못지않게 판단력과 주루 센스도 중요하다. 한 번의 출루와, 선발멤버를 교체해 내보내기까지 한 희생에도 불구하고 대주자가 소기의 목적을 이루지 못하거나, 최악의 경우 견제구에 걸려 횡사하기라도 하면 팀이 받는 충격은 애초에 타자가 고이 삼진으로 물러난 것의 몇 배에 해당하기 때문이다.

1974년부터 1975년까지, 두 시즌 동안 미국 메이저리그에서 105경기에 출장한 허브 워싱턴이라는 선수가 있었다. 단거리 스프린터 출신으로 '허리케인 허브'라는 별명으로 불릴 만큼 빨랐던 그는 출장했던 105경기 동안 단 한 번도 타석에 서지 않았으며, 오직 대주자로만 기용되어 베이스와 베이스 사이에서 선수 인생을 보내고 마쳤다. 그는 모두 48번 도루를 시도해 31번 성공했다는 기록, 그리고 31번은 홈을 밟아 득점을 올렸다는 기록을 남겼다. 물론 그가 두 해만에 퇴출된 것은 그 기록이 '오직 발로만 승부하는' 선수로서 너무 비효율적인 것이었기 때문이다. 특히 1974년에는 29번 도루에 성공하는 동안 무려 16번이나 실패했는데, 그만하면 그냥 얌전히 누상에 서 있는 것이

나왔을 것이라고 할 만하다.

　한국에서도 그 비슷한 사례가 있었다. 1984년부터 3년 동안 롯데 자이언츠에서 코치로 일하면서 종종 선수로도 등록했던 서말구가 그 주인공이다. 2010년 6월 7일에 김국영이 10초 23을 기록하기 전까지 30년 이상 100미터 달리기 한국 신기록으로 지켜져 왔던 10초 34의 기록을 세운 장본인인 그를, 롯데 자이언츠는 대주자요원으로도 활용하겠다고 공언했지만, 실제로는 단 한 차례도 경기에 출장하지는 못했다. 아무리 빨라도 투수의 움직임에서 빈틈을 찾아내고, 미세한 몸짓으로 야수들을 기만하며, 벼락같이 달리다가 날아오는 공과 야수의 글러브를 피해 급브레이크를 밟아 슬라이딩하며 정확한 지점에 멈추어서는 기술이 없이는 무용지물에 가까웠기 때문이다. 대신 그는 장기를 살려 선수들의 '달리는 근육'을 만드는 트레이너로서의 역할로 팀에 기여했기에, 아마도 '허리케인'이라 불렸던 허브 워싱턴보다 훨씬 팀에 대한 기여도가 높았던 이라고 할 수 있다.

작은 조각 하나의 가치, 대타

한 경기를 치르면서 야구 감독이 경험할 수 있는 가장 짜릿한 순간은 아마도, 대타홈런이 터져 나오는 순간이 아닐까. 그 순간 당연히 타석에 설 예정이던 어떤 선수를 빼고, 감독 자신이 딱 집어 고른 선수를 세워 만들어낸 홈런. 그것은 그대로 가장 극적인 승부수가 되어, 상대 팀뿐만 아니라 자기 팀의 선수들과 팬들을 비롯한 온 세상 사람들과 벌인 도박에서 승기를 잡는 순간이기 때문이다.

야구경기의 '대타' 제도는 특이하다. 다른 스포츠 종목들에서 선수 교체가 대개 체력이 소진되었거나 경미한 부상을 입은, 혹은 그날따라 컨디션이 좋지 못한 선수를 빼는 데 목적을 두는 것과 달리, 야구의 대타는 정확히 바로 그 한 순간을 위한 승부수로 활용되기 때문이다. 선수를 한 번 빼면 그 경기에는 다시 넣을 수 없기 때문에 다음 회 수비 때 부담을 안아야 함에도 불구하고 바로 그 순간에 그 타자를 내보내면 꼭 뭔가 한 건 해줄 것 같은 강한 예감이 들 때, 감독은 대타 기용 사인을 낸다.

하지만 대타 성공률이라는 게 원래 그리 높을 수는 없다. 한두 번이라도 앞선 타석에서 투수의 공을 보고 느끼며 조금씩 가늠쇠의 오차를 조정해온 선발 멤버와 달리 당장 첫 타석에서 낯선 공을 처음부터 느껴가며, 그리고 바로 그 타석에서 뭔가를 보여줘야 한다는 압박감에 눌린 채 판단하고 공략하는 일이 쉬울 리 없지 않은가. 그리고 경기가 시작되는 순간부터 공격과 수비를 번갈아하며 경기의 흐름을 타고 있는 선발요원에 비해, 이미 경기 전부터 '오늘은 일 없는 날'이라는 나른한 마음가짐으로 더그아웃에 앉아 동료들과 잡담을 나누며 시간을 죽이던 선수가 더 높은 집중력을 발휘할 수 있을 리 없지 않은가.

한국야구사에서 가장 '임팩트' 있는 기억을 남긴 대타자는 1990년대 LG 트윈스의 전문대타요원으로 활약했던 김영직이었다. 그는 1987년에 데뷔해 아홉 시즌 동안 선수생활을 했지만 장타력도, 그렇다고 빠른 발이나 수비력을 가진 것도 아니었고 통산타율도 .253에 불과한 평범한 선수였다. 하지만 노림수가 강하고 중요한 순간에 오히려 침착해지는 성격이 대타로서의 쓸모를 만들었고, 거의 대타 요원으로서만 715경기에 출장해 1594타수 404안타 25홈런의 통산기록을 남겼다. 무엇보다도 그의 이름이 빛났던 것은 1990년과 1994년 한국시리즈였다. 그는 삼성과 맞붙은 1990년 한국시리즈 2차전에 상대팀 잠수함투수인 이태일을 상대로 표적출장해 9회말 2사후에 극적인 동점타를 쳐낸 데 이어 연장 11회말에 역전끝내기 밀어내기 포볼까지 골라냈고, 4차전에도 3회 초에 기선을 제압하는 선제적시타를 날려 팀의 첫 우승에 결정적인 기여를 해냈다. 그리고 4년 뒤 다시 태평양 돌핀스와 맞붙은 1994년 한국시리즈에서는 먼저 2승을 따내긴 했지만 상대 선발 정민태에 무안타로 끌려가던 3차전, 6회 초 첫 타자로 대타출장해 포문을 여는 2루타를 날린 뒤 홈을 밟아 추격의 불씨를 당겼고, 7회에도 다시 등장해 또다시 추격 점수를 만드는 적시타와 역전득점을 올리며 그 해 패권의 흐름을 결정짓는 활약을 펼쳐보였다. 김영직은 한 번도 최고였던 적이 없을 뿐 아니라 안정적인 출장기회마저 약속받지 못하는 처지였지만, 9년의 세월 동안 단 한 번도 긴장을 늦추지 않고 더그아웃 복도에서 홀로 묵묵히 배트를 휘두르는 세월을 보냈고, 그 세월의 증거로 1990년과 1994년의 가을을 남긴 것이다. 그렇게 단 두 번뿐인 LG 트윈스의 우승에 모두 결정적인 기여를 했지만, 그는 그 두 번의 시리즈에서 매번 더 큰 활약을 펼친 김용수에게 모두 한국시리즈 MVP를 양보해야 했다. 하지만 30년의 프로야구사에서 김영직 이상으로 '대타'의 무게감을 상징하는 이름은 아직 없었다.

그래서 높은 대타 성공률이 증명하는 것은 단지 감독의 '감' 혹은 '신기(神氣)'만은 아니다. 그보다는 더그아웃에서도 경기에 집중하며 몸과 마음의 준비를 해두는 선수거나 그런 문화를 가진 팀이라는 점, 혹은 그런 집중력을 이끌어내는 감독의 선수단 운영능력이 그 수치 안에 숨어 있는 것이다.

대통령배 전국고교야구대회

중앙일보사가 주최하는 대회로서, 1967년부터 이어지고 있다. 5~6월에 열리던 황금사자기 대회가 2008년부터 3월로 옮기기 전까지는, 4월에 치러지는 대통령배가 전통적으로 그 해 첫 번째 전국대회였다. 따라서 방학 동안 기량이 급상승한 선수들이 없는지, 새로 들어온 신입생 중에는 주목할 만한 선수들이 없는지, 지난해의 강팀들은 3학년들이 졸업해 빠져나간 공백을 어떻게 메웠는지 확인하기 위해 프로팀의 스카우트와 언론사 기자들을 비롯해 본선에 진출하지 못한 학교의 지도자와 선수들까지 총출동해 탐색전을 펼치는 무대가 되곤 했다.

또한 그런 특성 때문에 대통령배 대회는 전문가들의 강팀 예상이 늘 빗나가는 이변의 무대이기도 하다. 1975년에는 야구의 불모지였던 전남의 광주일고가 고교야구사상 최초로 3연타석 홈런을 터뜨린 김윤환의 활약 속에 전국대회 첫 우승을 차지하며 강호의 대열로 들어섰고, 1977년에는 창단한 지 4년 밖에 안 된 무명의 공주고가 포수 김경문의 활약을 앞세워 충청권에 첫 전국무대 우승컵을 안기며 야구 열기의 전국화에 불을 붙이기도 했다. 90년대 최고의 포수로 꼽히는 김동수가 1984년과 1985년, 그리고 메이저리거 추신수가 1999년과 2000년에 각각 2년 연속 최우수선수로 선정되며 톱스타로 도약했던 것 역시 대통령배 대회였다.

방공호 혹은 반지하, 더그아웃

코칭스태프, 그리고 교체요원 등 경기에 직접 뛰고 있지 않은 선수단의 구성원들이 자리를 잡는 곳을 일반적으로 벤치라고 한다. 하지만 이 '벤치'가 대개 1루와 3루쪽 관중석 밑의 지면을 아래로 약간 파고 들어간 곳에 설치되어 있기 때문에 '방공호'라는 뜻의 '더그아웃'으로 불리기도 한다.

더그아웃이 그렇게 방공호처럼 약간 밑으로 파고 들어간 '반지하' 형태를 띠게 된 이유는 원래 가장 많은 입장료를 내고 들어오는 1루와 3루쪽 관중들에게 더 좋은 시야를 제공하기 위해서였다. 하지만 그 외에도 경기 중 직선타구가 그대로 날아들 수 있는 가장 위험한 각도와 거리에서 경기를 지켜봐야만 하는 선수단들의 안전을 지키는 데도 상당한 효과를 거두는, 말 그대로 '방공호'로서의 이점도 있다.

더그아웃은 우선 경기에 출전하지 않고 있는 선수들이나, 수비를 마치고 들어온 선수들이 휴식을 하는 공간으로서 의미를 가진다. 그곳에서 선수들은 냉장고에 비치된 음료수를 마시거나, 간단한 간식을

더그아웃 : 경기 중 직선타구가 그대로 날아들 수 있는 가장 위험한 각도와 거리에서 경기를 지켜봐야만 하는 선수단들의 안전을 지키는 데도 상당한 효과를 거두는, 말 그대로 '방공호'로서의 이점도 있다.

먹거나, 준비된 수건으로 땀을 닦으며 호흡을 고르고 체력을 비축하게 된다.

하지만 또 다른 측면에서는 가장 가까운 거리에서 그라운드에 나가 있는 선수들의 호흡을 느끼며 경기의 흐름을 공유하고 경기의 내용을 분석하는 치열한 제2의 전장이라는 의미 또한 가지고 있다. 그래서 그곳에서는 각 팀의 전력분석원과 기록원이 자료를 만들거나 분석해 상대방의 허점을 찾아내고 있고, 또한 수비를 마치고 돌아온 투수와 포수가 마주 앉아 앞선 이닝의 승부와 다음 이닝의 승부에 대한 의견을 나누기도 한다.

　감독에게 있어서 더그아웃에서 집중력을 유지하는 선수와, 그렇지 못한 선수를 가려내는 일도 매우 중요하다. 테드 윌리엄스는 저서 《타격의 과학》에서 이렇게 언급한 바 있다.

　"더그아웃은 늘 선수들이 앉아서 조는 곳이다. 그들이 경기에서 뛰고 있지 않기 때문인데, 그래서 나는 그들이 경기에 참여하도록 하기 위해 소리를 지른다. '지금 볼 카운트가 뭐야? 전광판을 보지 않으면 스코어를 모르나? 경기에 집중해'라고. 어떤 선수든 교체 투입될 이유는 40가지도 넘는다. 하지만 당신이 내내 벤치에서 손가락이나 빙빙 돌리고 있는 7~8명 중의 하나라면 그들을 필요로 하는 순간에도 그들은 절대 자신의 역할을 해낼 수 없을 것이다."

도루의 손익계산서

투수가 던진 공이 포수에게 도달한 다음 다시 2루까지 송구되는 시간의 빈 틈, 혹은 내야진의 수비망에 생겨난 순간적인 빈틈을 노려 한 베이스를 진루하는 주자의 모험이다. 따라서 타자에게 도루는 안타 못지않게 주목과 찬양을 받는 기록이며, 팀 도루 역시 팀의 전력을 평가하기 위해 검토해야 하는 주요 항목 중 한 가지다. 하지만 도루의 효용성에 반론을 제기하는 이들도 있으며, 그들의 논거도 충분히 일리가 있다.

한국 프로야구의 역대 최고 도루성공률은 이종범이 기록하고 있는 82.2%이며(2010년 3월 기준) 통산 200개 이상의 도루를 성공시킨 선수들 중 70% 이상의 성공률을 가진 선수 역시 10명에 불과하다. 타율이나 장타율과는 달리 일반적으로 '자신 있는 선수들만 시도하는' 것이 도루의 특성임을 감안하면 전체 평균 성공률이 60%를 넘지 않는다는 것은 결코 높지 않은 수치라고 할 수 있다.

그런 점에서 볼 때 성공하면 얻는 것은 한 개의 베이스인 반면, 실패했을 경우 한 명의 주자와 한 개의 아웃카운트를 잃을 뿐 아니라 전체적인 집중력과 팀워크까지 흐트러질 수 있다는 점까지, 손실이 너무 크다는 회의론자들의 주장은 확실히 설득력이 있다.

하지만 그럼에도 불구하고 도루의 효용을 '온갖 위험을 무릅쓴 모험 끝에 단순히 한 베이스를 더 가는' 것 정도로 평가하는 것이 좀 박한 이유는 이런 것이다. 언제든 도루를 할 수 있는 주자를 1루에 둔다면 투수는 좀 더 빠른 투구 동작으로 공을 던져야 하고, 훨씬 집중하기 어려운 조건에서 공을 던지게 되며, 내야수들은 조금 더 베이스 쪽으로 붙어서 수비를 하느라 타자에게 조금 더 높은 안타의 가능성을 허용하게 될 뿐만 아니라 도루에 대비한 움직임을 계산하고 소통하느라 역시 조금 더 집중하기 어려운 가운데 수비에 임하게 된다.

각 팀의 에이스급, 혹은 백전노장 베테랑급 몇 명을 제외한다면 프로야구 1군의 수준에서도 주자가 없을 때와 있을 때 구위와 컨트롤에 변화가 거의 나타나지 않는 투수는 찾아보기 어렵다. 그리고 그 편차는 프로 경력이 짧을수록, 그리고 아직 지도자와 팬들로부터 완전한 신임을 받지 못하기 때문에 언제라도 '교체될 수 있다'는 불안감이 남아 있는 투수일수록 더욱 크다. 그리고 바로 그렇게 '강한 면만 강하고 약한 면은 약한' 덜 익은 투수들을 무너뜨린 것이 대개는 이만수, 이승엽, 이대호 같은 거포들보다는 전준호, 이종범, 정수근 같은 날다람쥐 같은 주자들이었다는 것도 당연한 일이다.

물론 그렇다고 해서 도루가 무조건 유용한 것이며 과감하게 시도해야 한다는 주장이 옹호되는 것은 아니다. 다만 이런 고려를 통해 확인되는 것은, 도루란 시도하는 쪽이나 막아서는 쪽이나 흔히 눈에 보이는 것 이상을 걸고 맞서는 꽤 중요한 승부처라는 점이다.

동대문야구장

서울 중구 광희동에 있었던 야구장의 이름이다. 원래 그 자리에는 조선시대 군영이 있었지만 정미조약으로 군대가 해체되자 공터가 되었고, 그곳에서 한국인으로 구성된 최초의 야구팀인 황성기독교청년회(YMCA) 야구단이 야구시합을 벌이기도 했다. 그곳에 1925년에는 축구장을 겸한 종합운동장과 더불어 야구장이 지어졌고 각각 경성운동장, 경성야구장으로 불렸다. 그 뒤로 약 80여 년간 수많은 학생야구대회의 본선이 대부분 그곳에서 열렸고, 1982년에는 프로야구 역시 그곳에서 시작되었다.

여름이든 가을이든, 혹은 낮이든 밤이든 동대문야구장의 풍경은 한결같았다. 한 구석의 호젓한 자리에서는 어김없이 지린내가 풍겼고, 그곳을 피해 옮기다보면 언제나 '난닝구' 바람에 소주 냄새를 풍기는 아저씨가 목청을 높이고 있었다. 그 어느 구석쯤에 신문지를 깔고 엉덩이를 붙이고 있다 보면 빼곡이 들어찬 사람들 틈으로 비집고 불어오는 바람은 시큼한 땀 냄새를 품고 있었다.

그러나 애국가 제창이 끝나고, 다시 외야석에서도 생생히 들리던 우렁찬 주심의 목소리로 '플레이볼'이 외쳐지면 경기장은 마치 통째로 날아올라 어느 외계의 공간으로 진입한 듯 달아올랐고, 사람들은 환각에라도 빠진 듯 소리를 지르고, 노래를 부르며, 악을 써대다가 방금 전까지 은근히 어깨를 밀쳐대며 신경전을 벌이던 옆자리 아저씨와 부둥켜안고 환호하곤 했다.

그러다가 불의의 역전홈런이라도 얻어맞은 순간, 다리에 힘이 풀려 후두둑 무너져 내린 스탠드의 어깨들 사이로 흐르던 싸늘한 한숨, 그리고 심란한 담배 연기들. 때로는 그 사이로 들리던 어느 여고생들의 흐느낌들. 그리고 거친, 그러나 무섭지는 않았던 어느 걸걸한 목소리의 욕설들.

관중들의 환호성과 웃음과 눈물과 욕설을 담고 떠올랐던 동대문운동장에서는 경기가 끝나고 이제는 집에 돌아갈 막차시간을 걱정하며 종종걸음 치는 사람들로 썰물을 이루었고 종종 승리의 기쁨을 주체하지 못한 이와 패배의 아픔을 감당하지 못한 이들의 기운이 부딪혀 거친 말싸움이, 때로는 몸싸움이 벌어졌고 최악의 경우에는 패싸움도 드물지 않았다. 그리고 그렇게 경기장을 빠져나오면 죽 늘어선 포장마차에서는 또 무수한 입에서 경기가 되풀이되고 응원과 비난과 환호와 비탄이 되살아났다.

그 사이를 빠져나와 전철에 몸을 실으면, 사람들은 내 몸에서 나는 땀 냄새에 눈을 흘기곤 했다. 혹은 아직 가라앉히지 못한 흥분에 친구와 떠들어대는 목소리 때문이었는지도 모른다. 동대문야구장이란, 그런 곳이었다. 되는 일도 없고 스트레스 풀 곳도 없던 답답한 시절의 서울에서 유일하게 살아 꿈틀거렸던 축제의 공간. 잿빛 도시와는 영 다른 곳으로 서너 시간이나마 우리를 실어 날라주었던 거대한 우주선.

그것은 전설적인 홈런왕 이영민이 구장 첫 홈런을 날렸던 1928년으로부터, 4대 1로 몰려 있던 황금사자기 결승전에서 9회 말 거짓말 같은 역전타를 터뜨리며 '너무 일찍 샴페인을 터뜨렸던' 부산고 동문들의 통곡과 지레 욕을 해대며 귀향길에 올랐다가 라디오로 역전 소식을 전해 듣고 동대문으로 돌아온 군산상고 동문들의 환호성으로 진동했던 70년대, 그리고 다시 봉황대기 결승에서 홈을 파고들다가 발목이 부러진 희대의 천재 선린상고의 '독일병정' 박노준의 불운을 슬퍼하는 여고생들의 눈물에 흘러간 80년대까지 해마다 되풀이된 일이었다.

그러나 1982년, 세계야구선수권대회를 앞두고 잠실에 새 야구장이 생기면서 동대문의 열기도 조금씩 식어가기 시작했다. 원래의 '서울야구장'이라는 이름을 내주고 '동대문야구장'으로 물러선 것도 그 무렵이었다. 그리고 프로야구가 개막되었다. 고교야구처럼 무시로 공을 흘리고 더듬는 선수들도 없고 또 고등학생들처럼 이겼다고 혹은 졌다고 부둥켜안고 철철 울지도 않는데다가, '난닝구' 바람에 바지 허리띠를 가슴께까지 추켜올리고 민망한 '병신춤'을 추는 술꾼 아저씨 대신 늘씬한 아가씨들이 하늘하늘한 짧은 치맛자락 나풀거리며 응원을 이끄는 깔끔한 야구를 보게 된 것이다. 사람들은 이제 지린내도, 알코올 냄새도 나지 않는데다가 파란 잔디 뒤로 총천연색 컬러 전광판이 놓친 장면을 친절하게 재생해주는 잠실야구장으로 옮겨가기 시작했다.

물론 그 시절에도 역시 내일의 잠실구장, 혹은 내일의 메이저리그 무대를 꿈꾸며 달렸던 공주고 박찬호, 경북고 이승엽, 부산고 추신수와 동산고 류현진이 있었고, 그들이 뽑아내는 삼진 하나 홈런 한 개에 울고 웃었던 동문과 동향과 팬들이 있었다. 그리고 '난닝구' 아저씨들 역시 동대문을 지키며 배바지춤을 추어댔고, 재학생이며 동문들이 출동하는 전국대회 4강전쯤 열리는 날이면 꽹과리에 징이 울리고 불을 붙여 흔들어대는 신문지로 불놀이가 연출되기도 했다. 아마도 올림픽을 치르고, 다시 월드컵을 치르고, 청계천을 복원하며 거리의 지저분한 것들이란 쓰레기로부터 노점상에 이르기까지 완벽하게 정리된 단정한 시대, 여전히 깔끔하지 못하고 때로는 촌스러우며 종종 썰렁한 이 도시의 마지막 한 구석이 동대문야구장은 아니었을까. 그러나 그러건 말건 언제나 '플레이볼' 함성이 오르고 경기가 시작하면, 환호성이 터지고 눈물이 터지고 욕설이 난무하고 고함이 날아다니던, 그리운 축제의 밤.

애초에 우리나라에서 프로스포츠가 시작될 때부터 '가당찮다'는 말은 많았었다. 최소한 1인당 국민소득 2만 달러는 되어야 즐기는 게 프로스포츠지, 무슨 2천 달러도 될까 말까한 후진국 주제에 프로스포츠를 한다는 것이냐는 비아냥거림이었다. 하지만 결국 우리의 1인당 국민소득이 정말 2만 달러 시대에 진입하게 된 오늘날까지 프로야구는 살아남았고, 성장해왔다. 그것은 애초에 우리에게 스포츠란 돈 남

동대문야구장 : 잿빛 도시와는 영 다른 곳으로 서너 시간이나마 우리를 실어 날라주었던 거대한 우주선.

고 시간 남아서 느긋하게 구경하고 즐기는 것이 아니라, 그저 삶의 한 호흡으로, 마음으로나 고함으로나 함께 운동장을 달리고 구르고, 그러면서 그 희열과 비탄을 함께 하며 하루하루 살 힘을 얻고 내일을 살 꿈을 얻는 거친 투쟁이었기 때문이다.

지난 2007년 12월 18일부터 철거가 시작되어 이듬해 3월 14일에 완전히 사라진 그 자리에는 역사문화공원이 조성되어 있으며, 야구장과 축구장의 조명탑만이 옛 흔적으로 남아 있다. 한국야구의 역사 자체인 동대문야구장을 헐지 말고 보존하자는 몇 안 되는 목소리가 '철딱서니 없는 낭만주의자들의 반대를 위한 반대'로 치부되는 것. 그것이 여전히 한국야구를 둘러싼 문화적 환경의 현주소다.

두산 베어스(OB 베어스)

초창기 프로야구 창설 준비 과정에서 연고지로 서울을 희망했지만 프로야구 전체의 흥행에 핵심적인 열쇠를 쥐고 있던 방송국인 MBC에 우선순위를 빼앗기고 대전에서 창단했다. 하지만 '3년 후 서울 입성'을 약속받고 원년부터 2:1의 비율로 서울 지역 선수들을 분점했으며, 실제로 3년 후 동대문야구장을 거쳐 잠실로 입성하면서 MBC 청룡을 인수한 LG 트윈스와 서울을 양분해왔다.

프로야구 원년(1982년) 우승을 차지하는 빛나는 전통을 가졌지만, 역사 전체를 놓고 보면 화려함보다는 질박하고 묵묵한 매력으로 대변되는 팀이다.

흔히 뚝심의 팀, 저력의 팀으로 불린다. 아무리 선수가 없고 아무리 불운이 겹쳐서 닥쳐도 어느새 딛고 올라서 튀어오르며 위기의 순간, 그리고 시즌 막판에 뒷심을 발휘하며 기대 이상의 성적을 올리는 모습을 자주 보여주었기 때문이다.

물론 곰을 상징으로 내세웠다고 해서 그런 뚝심과 저력이 절로 생기는 것은 아니다. 그 뚝심과 저력의 원천은, 한국야구사에서 늘 한 발 앞서갔던 투자와 시스템 덕분이었다. 우리나라 최초로 2군을 운영하기 시작했으며, 최초의 전용 연습경기장을 건설했고, 최고의 신인 육성 시스템을 갖추었다는 것은 베어스가 가진 최고의 장점이며 자랑거리다. 물론 무조건 찬양할 일만은 아니지만 김상진-김민호-김현수-손시헌-이종욱 등으로 이어지는 신고선수(연습생) 성공신화는, 적어도 베어스의 인프라와 육성 시스템이 가지는 위력을 증명한다.

드래프트의 함정, 너희가 미래를 아느냐

프로구단들이 신인선수들을 나누어 뽑는 방식. 구단들끼리 순서를 정해 그 해 졸업하거나 제대하는 신인들을 지명하고 지명을 받은 선수는 그 구단과 입단협상을 벌이는데, 선수들로서는 조건이 마음에 들지 않을 경우 입단하지 않을 자유는 있지만 그렇다고 다른 구단과 새로이 협상을 시작할 수는 없다. '입사지원'이라는 방식으로 직장을 먼저 선택할 수 있는 다른 업종의 채용과정과는 다르다. 이런 방식을 사용하는 것은 팀들 사이의 전력을 평준화하고 몸값이 지나치게 부풀려지는 것을 막기 위해서인데, 엄밀히 말하면 구단들 간의 담합행위라고 할 수도 있다.

전통적으로 드래프트(Draft)는 각 팀이 연고지 내의 선수들을 대상으로 독점적으로 선택하는 1차 지명과 1차 지명에서 연고팀의 선택을 받지 못한 선수들을 대상으로 모든 팀이 뛰어들어 지난해 성적의 역순으로 지명하는 2차 지명으로 나뉘어 진행되어왔다. 1985년까지는 연고지 내의 선수들에 대해 무제한으로 지명을 할 수 있었기 때문에 2차지명은 큰 의미가 없었다. 그리고 그런 과정을 통해 같은 지역 출신의 유망주들은 모두 같은 팀으로 모여야 했기 때문에 프로야구가 지역대항전의 성격을 가지고 각 지역의 팬들에게 소속감을 부여함으로써 야구장으로 모이고 하게 프로야구가 조기에 안착하도록 하는 데 크게 기여했다. 하지만 1986년에는 10명, 1987년부터는 3명, 다시 1990년부터는 2명 혹은 1명으로 1차 지명권의 수를 제한함으로써 2차 지명을 통해 다른 지역의 팀으로 입단하는 선수들의 수가 점차 늘게 되었다(2009년에는 1차 지명 자체가 폐지되었다). 야구 명문으로 불리는 학교들은 한정되어 있고 연고지 안에 그런 학교들을 얼마나 보유하고 있느냐에 따라 프로팀들의 전력차가 너무 심해졌기 때문이다.

신인지명 과정에서 구단들의 관심은 당연히 '누구를 먼저 찍어야 하는가'에 집중된다. 그리고 그렇게 '찍히는' 순번에 따라 전체 프로 지망생들에게는 순위가 매겨지게 되고, 그 순위는 그대로 계약금과 연봉, 그리고 출전기회의 차이로 직결된다. 하지만 실제로 뚜껑을 열어보면 애초의 예상과는 달리 낮은 순번으로 지명된 선수가 상위 순번 지명자들을 앞지르고 먼저 스타플레이어로 성장하기도 하고, 반대로 특급 유망주로 꼽혔던 선수가 별다른 성적을 내지 못한 채 사라지는 경우도 종종 있어서 이야깃거리를 만들곤 한다.

1996년 LG트윈스의 1차 지명을 받고 당시로서는 신인 사상 최고액인 4억 원의 계약금을 받았던 이정길이라는 투수는 입단 4년째인 1999년에야 겨우 경기에 출전하기 시작해 단 1승, 평균자책점 12.66

이라는 성적을 남긴 채 사라지면서 '먹고 튄다'는 뜻의 '먹튀'라는 별명의 시조가 되었다. 반면 1994년에 전체 42명 중에서 41번째로 LG 트윈스에 지명되어 1800만 원의 계약금을 받고 입단한 서용빈은 바로 그 해부터 3할이 넘는 정교한 타격에 신인으로서는 최초로 사이클링히트를 기록하는 대활약 속에 곧바로 주전 1루수로 자리를 굳히며 '꼴찌성공신화'를 쓰기도 했다.

　하지만 그런 성공 사례들을 빼더라도 드래프트에서 낮은 순위로 지명되었다고 해서 결코 불우한, 혹은 불운한 출발이라고 보아서는 안 된다. 해마다 900여명에 이르는 지원자들 중 그렇게 지명을 받는 선수는 적게는 40여 명, 많게는 70여 명에 불과하며 '학생시절 내내 수업에도 거의 들어가지 않고 야구만 하느라, 야구 말고는 할 줄 아는 게 아무 것도 없는' 대책 없는 젊은이 800여 명은 그대로 황량한 거리로 내쳐지기 때문이다.

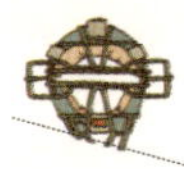

우익수의 미친 존재감, 레이저 송구

마치 레이저를 쏜 것처럼, 외야에서 홈플레이트까지 직선으로 연결하는 멋진 송구를 가리키는 속어. 150미터 쯤 날아가는 장외홈런과 시속 150킬로미터를 넘어가는 강속구는 승부를 떠나 야구장의 관중들을 들뜨게 하는 것들이다. 그리고 수비수가 보여줄 수 있는 묘기로 내야수의 '다이빙캐치'와 외야수의 '레이저 송구'를 꼽을 수 있을 것이다. 그 중 '다이빙캐치'가 놀라운 반사신경과 공을 향해 끝까지 포기하지 않는 집념을 보여준다면 '레이저 송구'는 경이로운 신체적 강인함을 과시한다는 점에서 그 매력의 핵심이 조금 다르다.

외야에서 가장 강한 어깨를 필요로 하는 것은 우익수다. 3루에서 홈으로 달리는 주자 뿐 아니라 2루에서 3루로 달리는 주자까지 견제하기 위해서는 우익수가 가장 먼 거리에서 좋은 송구를 해야 하기 때문이다. 따라서 그동안 레이저 송구를 자랑해온 선수들 역시 대개 우익수를 맡던 이들이었다.

한국 프로야구 초창기였던 80년대 초반에는 신언호(MBC)와 양승

관(삼미)이 각각 타석에서 공을 손으로 던져 펜스를 넘길 수 있는 대표적인 강견 외야수로 꼽혔다. 하지만 실제로 포물선이 아닌 직선으로 그라운드를 가로지르는 '레이저 송구'로 화제를 모은 것은 90년대 중반의 심재학(LG)과 심정수(두산)부터였다. 그 중에서도 심재학은 훗날 현대 시절에 어깨를 아깝게 여긴 코칭스태프의 권유에 의해 투수로 전향하기도 했었는데, 투수로서는 시속 140km대 중반의 싱싱한 직구를 던질 수 있다는 점 외의 모든 면에서 약점을 드러내며 결국 타자로 돌아가는 우여곡절을 겪기도 했다.

그 두 명의 심씨 우익수가 서서히 물러나기 시작한 2000년대 중반부터는 제 1회 WBC에서 다이빙캐치와 레이저 송구를 두루 선보이며 '국민우익수'라는 애칭을 얻은 이진영(SK)이 득세를 하기도 했다. 하지만 이진영의 송구는 '직선'이기는 했지만 '레이저'라고까지 하기에는 위력이 조금 떨어지는 편이었고, 오히려 정확한 '컨트롤'로 홈에서 주자들을 종종 잡아내는 쪽에 가까웠다.

반면 멕시코 출신의 카림 가르시아(롯데)는 수비의 폭이나 포구능력 면에서는 평균 이하라는 평가를 받으면서도 그야말로 압도적인 레이저 송구 능력 하나로 최고 수준의 우익수 대접을 받았다(1982년의 양승관, 2002년의 심정수, 2008년의 가르시아가 한 번씩 기록했던 진기록이 '우익수 앞 땅볼'이다. 우익수 앞으로 굴러오는 타구를 송구해 타자를 1루에서 잡아내는 '상식 밖'의 플레이를 연출한 것. 물론 깊지 않은 코스의 빠른 타구였다는 운도 겹쳤지만, '레이저 송구' 없이는 나올 수 없는 그 세 번의 진풍경에 희생당한 세 타자는 각각 김일권(해태), 이범호(한화), 유선정(히어로즈)이었다). 그는 해마다 십여 차례 이상 상식을 뛰어넘는 타이밍에서 주자를 잡아내는 신기를 선보이며 외야수 '보살' 부문 선두를 지켰고, 그 확실한 장기는 주기적으로 겪던 극심한 슬럼프 때마다 줄삼진을 당하며 '갈풍기'(가르시아 선풍기)라는 야유 속에서도 자리를 지킬 수 있는 원동력이 되기도 했다.

나라 밖으로 눈을 돌리면, 1990년대 후반 LA 다저스에서 '박찬호 도우미' 중 하나로 꼽혔던 우익수 라울 몬데시가 한국인들의 주목과 사랑을 받은 대표적인 선수였다. 평소에 게으른 늙은 개처럼 어슬렁거리던 그는 주자를 2루나 3루에 둔 상황에서 자기 머리 위로 공이 떠오르면 간만에 장기를 자랑할 기회가 생겼다는 듯 눈빛을 번뜩이며 잰걸음을 재촉했고, 그의 실력을 익히 아는 주자가 차마 뛸 엄두도 내지 못하는데도 포수나 3루수의 미트로 직선을 넘어 솟아오르는 듯한 강속구 스트라이크를 꽂아 넣으며 자신의 어깨를 과시하곤 했던 것이다.

사소한 말실수들 때문에 한국인들에게는 크게 환영받지 못하지만 1990년대와 2000년대를 통틀어 세계 최고의 외야수임이 분명한 일본의 스즈키 이치로(시애틀 매리너스)도 빼놓을 수 없다. 그는 공을 잡고 글러브에서 공을 꺼내 간결한 스텝으로 가히 '광속구'라고 부를 만 한 레이저 송구를 정확히 홈플레이트의 스트라이크 존으로 통과시키는 선수였기 때문이다.

어쨌거나 '레이저 송구' 능력을 가진 선수가 우익수로 버티고 있다는 것은 그 자체만으로도 팀에 엄청난 이득을 안겨줄 수 있다. 그런 팀을 상대하는 타자와 주자들이라면, 장타가 될 법한 타구를 날려놓고도 두려움에 발목을 잡혀 한 베이스씩 손해를 보곤 하기 때문이다.

롯데 자이언츠

지상 최고의 팬을 가진 팀이라 불린다. 그리고 이따금 최고의 선수들이 나타나 그 최고의 팬들을 열광시키는 팀이다. 하지만 대개의 경우, 팬들에게 야유와 비난과 아쉬움의 대상이 되어 온 팀이기도 하다.

8차례나 최하위를 기록한 것을 비롯해 지난 30여 년간 대부분을 하위권에서 머물러온 팀이었다. 특히 한국 프로야구 사상 초유의 기록인 4년 연속 꼴찌를 기록했던 2001년부터 2004년까지는 암흑기라는 단어로 대신 지칭되는 시기였고(한국 프로야구사에서 100명 이하의 관중만이 지켜보는 가운데 진행되었던 경기는 딱 네 번이었다. 그리고 그 중 두 번은 쌍방울 레이더스가 끝내 장기까지 다 팔아치운 뒤 미라 상태로 해체의 비운을 맞이하던 1999년에, 그리고 나머지 두 번은 암흑기 중에서도 가장 어두운 터널을 지나던 2002년 롯데 자이언츠의 홈구장에서 이루어졌다. 1999년 10월 6일과 7일 전주경기에는 각각 87명과 54명의 관중이 입장했고, 2002년 10월 16일과 19일 부산 사직경기장 관중석에는 양팀 선수단과 구단 관계자들을 합한 것보다도 적은 96명과 69명이 앉아 있을 뿐이었다). 그 출발점을 연 감독의 이름은 롯데 자이언츠의 팬들 사이에 지금까지도 '금지어'로 통하고 있기도 하다.

하지만 늘 강하지 못한 전력임에도 불구하고 최동원, 박정태, 주형광, 박동희, 염종석 같은 영웅 스타일의 선수들이 한 몸으로 팀을 이끌고 나가며 중상위권, 혹은 최정상권으로 치솟는 아찔한 경험을 선사하기도 했으며, 그런 '마력' 때문에 팬들은 '만날 지는 꼴 보면서도 야구를 끊지 못한다'는 신음을 흘리기도 한다. 그런 끊을 수 없는 미련의 근거에는 기적 같았던 1984년과 1992년, 두 차례 우승의 역사가 있다. 1984년에는 한국시리즈 4승 1패 1세이브를 혼자 기록한 철완 최동원이 있었고, 1992년에는 신인으로서 당장 선동열 급으로 올라섰던 슬라이더의 달인 염종석과 한국시리즈에서 비로소 깨어났던 '슈퍼베이비' 박동희가 있었다.

어쨌든 팬들의 기대에 답하려면 아직 가야 할 길이 먼 팀이다. 물론 오로지 홈팀 팬만으로 늘 3만 관중석을 채운 채 경기시간 내내 목청껏 응원가를 합창하는 이들 앞에서 구단이 무슨 일을 한다고 충분한 보답이 될지는 미지수다.

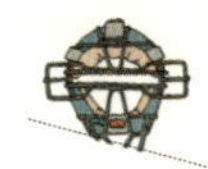

암흑기의 길목에서, 리빌딩

말 그대로 '재건축'이다. 세월이 흐르다보면 아파트 같은 건물의 골조가 조금씩 녹아내리는 것처럼 야구팀 주전선수들의 기량도 조금씩 내려가기 마련이고, 따라서 10년에 한두 번쯤은 '마음먹고 칼을 대는' 과정이 필요하다고 말한다. 건축에서 쓰이는 말이 야구장 안으로까지 확장된 사연이다.

그래서 리빌딩(Re-building)은 해마다 꼴찌로 추락한 팀, 혹은 4위권 밖으로 밀려난 만년 상위권의 명문팀에서 책임을 떠안고 중도퇴진한 감독의 자리로 들어온 신임 감독이 다음 시즌의 목표로 내거는 슬로건이 되곤 한다. 말하자면 당장 우승을 목표로 하기보다는 팀의 체질을 강화함으로써 3~4년 안에 다시 정상권으로 올라갈 수 있는 기틀을 다지겠다는 뜻을 담고 있는 말이다.

그러다보니 '리빌딩'을 내건 팀들은 대개 그동안 팀의 하락세에 대한 책임을 져야 할 노장선수들과 코치진을 정리하고 신진세력들로 그 자리를 채우기 마련이다. 그 과정에서 오래도록 정든 선수와 지도자들을 떠나보내야 하는 팬들과의 사이에서 한바탕 홍역을 치러야 하는 것도 리빌딩의 어려움 중 하나다. 하지만 신예들이란 더 큰 가능성을 가진 동시에 아직 검증되지 않은 선수들을 의미하기 때문에, 리빌딩이 꼭 성공한다는 보장은 없다. 그리고 그런 희생에도 불구하고 리빌딩에 실패를 했을 경우, 성적과 팀워크, 팬들의 사랑까지 모든 것을 한꺼번에 잃고 '길고 긴 암흑기'로 진입하는 경우도 적지 않다.

리빌딩이 해마다 치과에 가서 스케일링 하듯 주기적으로 한 번씩 해야만 하는 필연적인 일은 아니다. 오히려 리빌딩이라는 말이 등장하는 것 자체가 지난 몇 년간 팀의 운영에 커다란 잘못을 저질러왔음을 반증하는 말이 되기도 한다. 만약 주전과 비주전 간에 끊임없이 공정한 경쟁이 벌어져왔고 그 과정에서 실력이 떨어진 노장들이 하나씩 자연스럽게 도태되는 과정을 겪어온 팀이라면 새삼 '인위적인' 세대교체를 할 이유가 없기 때문이다.

그런 점에서 2000년대 초중반의 LG와 롯데, 중후반의 한화는 전력관리의 실패 탓에 리빌딩을 해야 했거나, 리빌딩마저 실패함으로써 암흑기를 겪어야 했던 대표적인 경우라고 할 수 있다. 반면 2000년대 후반 4년 연속으로 패권싸움에 나섰던 피로증에 더해 해마다 주요 선수들의 이적이나 해외진출을 겪으면서도 오히려 새로 돋아난 전력을 바탕으로 더 탄탄해진 전력을 자랑한 SK와 두산은 '굳이 리빌딩이라는 말을 쓸 필요가 없는' 전력관리를 보여준 모범사례라고 할 수 있다.

매직넘버 세기 놀이

시즌 막바지에 이르면 프로야구 관련 기사의 제목에 '매직넘버(magic number)'라는 단어가 등장하곤 한다. 매직넘버는 일정한 기간 동안 여러 번의 경기들을 치르며 거둔 최종성적을 집계해 우승팀을 가리는 프로 스포츠에서 1위를 달리고 있는 팀이 우승 확정에 얼마나 가까이 다가가고 있는가를 표시하는 숫자이며, 그 시즌 경쟁에 마침표를 찍기 위한 카운트다운의 과정이다.

한 마디로 설명하자면 매직넘버란 '2위 팀이 남은 경기를 모두 이긴다고 가정할 때, 1위 팀이 자력으로 우승을 확정시키기 위해 이겨야만 하는 경기의 수'를 의미한다. 그래서 1위 팀이 1승을 추가할 때마다, 그리고 2위 팀이 1패를 추가할 때마다 매직넘버는 1씩 줄어들게 되며, 매직넘버가 0이 되는 순간 정규리그 우승을 확정짓는 샴페인을 터뜨리게 된다. 물론 1위 팀이 2위 팀을 상대로 승리한다거나 해서 1위 팀의 1승과 2위 팀의 1패가 동시에 늘어나면 매직넘버는 2가 줄어들게 된다.

　최소한 한국의 경우, 기자들이 '매직넘버'를 세기 시작한 팀이 우승에 실패한 경우는 한 번도 없었다. 매직넘버를 세기 시작한다는 것 자체가 '우승 확정은 시간문제'라는 인식을 담은 것이며, 기자 나름의 분석력과 예측력을 동원하는 일이기 때문이다. 하지만 2009년 9월 2일, 2위 SK 와이번스와의 승차를 6경기로 벌리며 매직넘버 9를 찍기 시작한 기아 타이거즈가 무려 열흘 가까이를 흘려보낸 9월 11일에야 매직넘버를 하나 줄인 데 이어 다시 보름 가까이 지난 뒤 정규시즌 종료를 단 한 경기 남겨둔 25일에서야 한 경기 차로 우승을 확정한 적이 있었다. 선두 기아 타이거즈는 갑작스런 5연패에 빠지는 등 부진을 거듭한 반면 2위 SK 와이번스가 시즌 마지막 19경기를 모두 승리하며 맹추격하는 사건이 벌어졌기 때문이다.

　매직넘버를 띄운 뒤에는 팀의 페이스가 무뎌지는 것이 일반적이다. 그것이 추격하는 팀에게는 '한 경기라도 지면 안 된다'는 절박감을 일깨우는 숫자인 동시에 앞서가는 팀에게는 몸보다 마음이 앞서게 만드는 '아홉수' 같은 의미가 되기 때문이다.

　그래서 시즌 막판에 앞서가던 팀이 연승행진을 벌이며 매직넘버를 줄여가는 경우보다는, 혹시나 하는 호기심을 자극해가며 찔끔찔끔 줄어드는 것을 보게 되는 일이 잦고, 또 그런 스릴을 느끼는 것이 '매직넘버 세기 놀이'의 진짜 매력이기도 하다.

'경기 의사 없음'의 최후, 몰수게임

'포피티드 게임(Forfeited Game)'을 우리말로 옮긴 표현이다. 경기 중 중대한 문제가 발생했을 경우 주심의 선언에 의해 책임이 있는 구단의 패배를 기록하게 되는 규칙이다. 대개 주심의 지시에 불복하고 경기 속행을 거부하는 팀에게 주어지는데, 정식으로 등록되어 있지 않은 무자격선수를 출전시키는 경우나 선수 전체 혹은 일부가 경기 시간에 지각함으로써 정상적인 경기를 치를 수 없게 된 경우에도 몰수게임 패배가 주어진다.

현대야구, 특히 프로야구에서 몰수게임이란 거의 나오기 힘들다. 수만 명의 관중들에게 야구경기를 볼 수 있는 권리를 돈을 받고 판매한 이상 어떤 이유에서든 경기를 인위적으로 중단시켜버린다는 것은 경기를 하는 편이나 경기를 관리하는 편 모두에게 엄청난 부담이기 때문이다. 그래서 미국 메이저리그에서는 1902년 7월 17일로 거슬러 올라가야 마지막 몰수게임의 사례를 찾을 수 있다. 뉴욕 자이언츠가 경기 개시 시간까지 경기 진행에 충분한 선수를 경기장에 입장시키지 못함으로써 몰수패를 당했던 것이다.

하지만 우리나라 프로야구에서는 상대적으로 길지 않은 역사에도 불구하고 두 번의 몰수게임 선언이 내려진 바 있다. 그 첫 번째 사례는 프로 원년인 1982년 8월 26일, MBC 청룡과 삼성 라이온즈의 대구 경기였다. 삼성이 5-2로 앞서있던 4회말 1사 1, 2루 상황에서 삼성의 정현발이 유격수 앞에 병살타성 타구를 쳤을 때 더블플레이를 막기 위해 무리한 슬라이딩을 하던 1루 주자 배대웅과 2루수 김인식이 2루 베이스 위에서 충돌하는 사고가 생겼고, 순간 흥분한 김인식이 배대웅의 따귀를 때리면서 양 팀 선수들이 그라운드로 쏟아져 나와 뒤엉키는 벤치 클리어링이 연출된 것이다. 하지만 정작 문제는 사태를 수습하는 과정에서 나왔는데, 김동앙 주심이 김인식에게만 퇴장을 선언하자 MBC의 감독 겸 선수 백인천이 형평성에 어긋난다며 불복해 선수들을 모두 더그아웃으로 불러들인 채 무려 25분 동안이나 버텼던 것이다. 결국 김동앙 주심은 청룡 측의 몰수게임패를 선언했고, 삼성 라이온즈의 9대 0 승리로 기록되었다.

두 번째 몰수게임은 1985년 7월 16일 OB 베어스와 MBC 청룡이 맞붙은 잠실 경기였다. 5-5의 균형을 유지한 채 6회말 MBC 공격 때 1사 1, 3루 상황에서 1루 주자 박홍식이 도루를 시도하다가 협살에 걸리는 사이 3루 주자 유고웅이 홈으로 쇄도해 6점째를 만들어냈다. 하지만 OB의 김성근 감독은 유고웅이 홈인하기 전 1루 주자 박홍식 선수가 협살에 걸린 채 태그아웃을 피하기 위해 쓰리푸트라인(주자가 주루시에 야수의 태그를 피하기 위해 벗어나지 말아야 할 폭 3피트의 가상의 선. 흔히 '쓰리피트라인'이라고 부른다. 하지만 정확한 영어 표기는 'Three Foot Line'이며 공식 규정집에 나온 한글 표기 역시 '쓰리푸트라인'이다)을 벗어났기 때문에 이미 아웃이 되었으며, 따라서 유고웅의 홈인으로 만들어진 득점도 무효가 돼야 한다고 항의했다. 하지만 2루심 김양경이 그 항의를 받아들이지 않음으로써 득점 역시 철회되지 않자 김성근 감독은 그라운드의 선수들을 더그아웃으로 불러들여 집합시켰고, 주심 이근우 역시 5분 후 감독을 퇴장시킨 데 이어 그래도 선수들이 경기에 응하지 않자 다시 5분 후에는 몰수게임을 선언하고 말았다.

여전히 고교나 대학팀들 간의 경기에서는 간혹 몰수게임 상황이 연출되기도 하지만, 완전히 프로라는 문화와 논리가 정착한 90년대 이후로는 최소한 프로야구 무대에서는 몰수게임이라는 극단까지 가기 전에 봉합이 이루어지는 추세다. 그 한 가지 방법으로 프로야구단의 감독들이 선수들을 철수시킬 때도 야수 한 명은 남겨두는 편법을 쓰기도 하는데, '선수단 완전 철수'가 곧 '경기 의사가 없음'으로 받아들여지는 반면 한 명의 야수라도 남겨두면 '완전철수는 아니다'라는 메시지를 남기는 셈이 되기 때문이다.

몰수게임이 선언된 시점이 정식경기 성립 기준인 5회 이전인 경우에는 무조건 9대 0의 스코어가 기록된다. 하지만 5회 이후의 경우에는 '뒤지고 있던 팀이 이기게 되었을 경우'에만 9대 0의 스코어를 적용하고, '앞서고 있던 팀이 이기게 된 경우'에는 몰수게임 선언 당시의 스코어가 그대로 기록된다. 그리고 전자의 경우 승패를 제외한 개

인기록과 팀기록 전체가 무효화되지만 후자의 경우에는 선수들의 개
인기록들 역시 모두 그대로 인정을 받게 된다(다만 승리투수와 패전
투수는 기록되지 않는다).

뛰거나 뛰지 말거나, 무관심도루

한국야구위원회의 도루 관련 기록규정에는 다음과 같은 내용이 기재되어 있다.

"주자가 단지 진루에 대한 수비측의 무관심으로 진루하였을 경우 도루를 기록하지 않고 야수선택으로 기록한다. 하지만 예를 들어 주자 1, 3루에 있을 경우 1루주자가 2루에 가려고 할 경우에 포수가 3루의 주자가 본루(홈)에 들어올 것을 염려하여 송구하지 않았을 때는 가령 수비행위가 없어도 본항을 적용하지 않고 도루로 기록한다."

상대 배터리와 내야 수비진의 미세한 빈틈을 타서 진루하는 도루는 주자의 능력을 보여주는 대표적인 기록이며, 타율, 홈런, 타점 등과 더불어 공격 부문의 주요한 개인타이틀로 인정되고 있다. 하지만 큰 점수차가 벌어진 경기의 종반 같은 상황에서 상대 수비팀이 그것을 적극적으로 저지하려는 의사를 가지지 않은 경우에 비교적 손쉽게 성공한 숫자를 걸러내지 않으면 평가의 기준으로서 가지는 가치가 크게 떨어질 수밖에 없게 된다. 따라서 송구가 이루어지지 않고, 수비수들이 주자를 잡아내기 위한 어떤 움직임도 하지 않았을 경우에는 분명히 진루가 이루어졌다고 하더라도 기록원은 그 주자에게 도루 기록을 추가해주지 않는다.

한국 프로야구에서 무관심도루 규정이 적극적으로 적용되기 시작한 것은 2002년 부터였다. 그 전까지는 무관심도루에 관한 규정이 있기는 했지만 기준이 애매하다는 이유로 사문화되어 있었다. 하지만 시즌 막판 선수들의 개인기록 조작 가능성을 막기 위한 조치로서 규정의 엄격한 적용이 천명되었던 것이다.

최고, 최초, 최대의 메이저리그

야구의 역사는 뉴욕에 살던 알렉산더 카트라이트라는 사람이 최초의 근대적 야구규칙인 '니커보커룰'을 만든 1845년을 기점으로 보는 것이 정설이다. 그리고 세계 최초의 프로야구팀이 만들어진 것은 그로부터 21년 뒤인 1866년이며(신시내티 레드스타킹즈, 현 신시내티 레즈) 최초의 프로야구 리그가 창설된 것은 다시 그로부터 5년 뒤인 1871년이다. 그렇게 시작된 140여 년의 역사를 이어받으며 성장해온 세계 최초, 최고, 최대의 프로야구 리그가 바로 메이저리그(Major league)다.

메이저리그는 내셔널리그와 아메리칸리그라는 양대 리그로 구성되어 있으며, 각각의 리그는 다시 그 산하에 여러 단계의 마이너리그를 거느리고 있다. 메이저리그에 소속된 30개의 구단은 해마다 각각 162경기를 치르는데, 연평균 7천만 여 명의 관중(경기당 3만 명 안팎)을 모을 정도로 대단한 인기를 얻고 있으며, 명문구단들의 경우 10억 달러 이상의 자산가치를 평가받을 만큼 경제적 규모 또한 엄청

나다.

　야구 선수들에게도 메이저리그는 꿈의 무대이다. 가장 많은 이들의 주목을 받으며 가장 높은 기준에서 자신의 기량을 평가받을 수 있다는 점에서도 그렇지만, 무엇보다도 최대 300억 원 대까지의 연봉(2008년 알렉스 로드리게스가 뉴욕 양키스와 10년간 총액 2억7500만 달러의 계약을 맺은 바 있다. 연 평균 2750만 달러이며 원화로 환산하면 대략 320억 원이다) 계약을 바라볼 수 있다는 가능성은 다른 어느 나라의 리그도 따라갈 수 없는 매력이다.

　한국인으로서는 1994년 한양대 3학년을 중퇴하고 LA 다저스에 입단한 뒤 텍사스 레인저스, 샌디에이고 파드리스, 뉴욕 메츠, 필라델피아 필리스, 뉴욕 양키스를 거치며 통산 120승 이상을 기록하고 있는 박찬호가 첫 메이저리거로 기록되어 있다. 박찬호가 메이저리그에서 대성공을 거두자 그의 뒤를 이어 조진호(보스턴), 김병현(애리조나), 서재응(뉴욕), 김선우(보스턴), 봉중근(애틀랜타), 최희섭(시카고), 추신수(클리블랜드) 등이 메이저리그 무대로 진출해 크고 작은 기록과 업적들을 쌓았지만 여전히 첫 주자였던 박찬호 이상의 성공을 거둔 선수는 나타나지 않고 있다.

주전과 후보 사이의 마지노선? 멘도사 라인

멕시코 출신으로 1974년부터 1982년까지 피츠버그, 시애틀, 텍사스에서 뛰었던 마리오 멘도사(Mario Mendoza)라는 선수가 있었다. 정상급 수비실력을 갖춘 유격수였기 때문에 늘 풀시즌을 메이저리그에서 보내는 선수였지만 타격능력은 꾸준히 바닥을 기었는데, 특별한 전성기와 슬럼프가 없었던 그의 통산타율은 .215였다.

그의 이름이 결정적으로 유명해진 것은 조지 브렛의 인터뷰 때문이었다. 브렛은 캔자스 시티 로열스 한 팀에서만 20년간 뛰면서 통산 300홈런-3천안타-200도루-3할 이상을 기록한 대스타였는데(그런 기록을 세운 것은 메이저리그를 통틀어 스탠 뮤지얼과 더불어 단 두 명 뿐이다), 어느 핸가 시즌 초반 극심한 슬럼프를 겪을 때 그가 한 스포츠 기자와의 인터뷰에서 이런 말을 했다. "내 이름이 스포츠신문 타격순위란에서 멘도사 아래 있는 걸 보니 올 시즌 출발이 좀 안 좋은 건 분명한 것 같다." 그는 또 얼마 후 그 슬럼프에서 조금씩 벗어나기 시작할 무렵에는 "요즘 휴일 아침에 신문을 펴면 가장 먼저 확인하는 것이 멘도사의 이름 아래 어떤 이름들이 있느냐이다"라는 말까

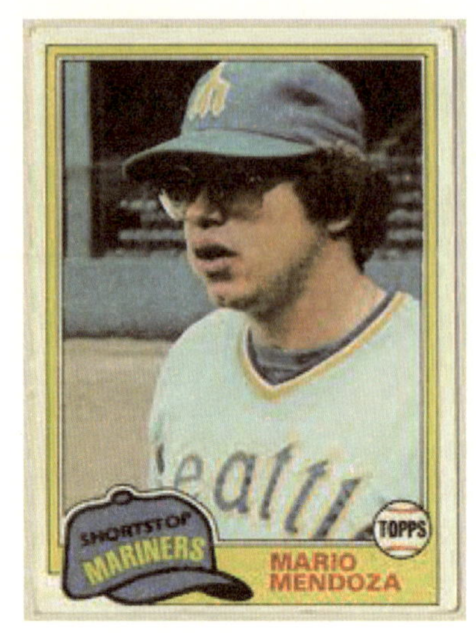

마리오 멘도사 : 극악한 타격능력에도 불구하고 꾸준히 라인업에 들 수 있을 만큼 훌륭한 수비실력, 혹은 희생타를 비롯해 기록으로 두드러지지 않는 작전 수행능력과 팀에 대한 기여가 출중한 '소금 같은' 선수들의 대명사

지 남기며 '확인사살'을 하기까지 했다. 졸지에 애먼 멘도사는 '최악의 타자'를 상징하는 이름이 된 동시에 '그래도 멘도사보다는 낫잖아'라는 식으로 슬럼프에 빠진 다른 선수들의 마인드컨트롤에 활용되는 이름이 되어버렸다. 어쨌든 그 뒤로 '규정타석을 채우고도 2할대 초반을 맴도는' 타율을 기록하는 타자들을 멘도사 라인(Mendoza Line)이라고 부르게 됐다.

하지만 그것이 원래 흔히 이해되듯 '팬들 속을 뒤집어놓는 쓸모없는 선수'라는 의미는 아니다. 멘도사 라인은 낮은 타율뿐만 아니라 '규정타석 충족'이라는 조건을 갖추어야만 들 수 있는 영역이며 그런 낮은 타율에도 불구하고 꾸준히 기용할 수밖에 없는 또 다른 가치와 매력을 가진 선수들에게만 주어지는 타이틀이기 때문이다. 멘도사 역시 서너 단계의 마이너리그에서 날고 기며 자리를 노리는 수많은 후보 선수들과의 잠재적 경쟁에서 8년 동안이나 밀려나지 않았듯이 말이다.

말하자면 멘도사 라인이란 극악한 타격능력에도 불구하고 꾸준히 라인업에 들 수 있을 만큼 훌륭한 수비실력, 혹은 희생타를 비롯해 기록으로 두드러지지 않는 작전 수행능력과 팀에 대한 기여가 출중한 '소금 같은' 선수들의 대명사인 셈이다.

우리나라에서는 90년대 초반 태평양 돌핀스의 키스톤 콤비였던 김성갑(통산타율 .235)-염경엽(.195)을 비롯해 LG 트윈스의 이종열(.247), 기아 타이거즈의 김종국(.247), 롯데 자이언츠의 박기혁(.243) 등이 대표적인 멘도사 라인으로 꼽힌다.

걸어서 홈까지 전진하다, 밀어내기

만루 상황에서 타자에게 안전진루권이 주어지는 경우 주자들도 각각 한 베이스씩 '밀려서' 전진하게 되고, 따라서 3루 주자는 걸어서 홈 플레이트를 밟을 수 있다. 그런 상황을 '밀어내기'라고 한다.

타자에게 안전진루권이 주어지는 경우는 대표적으로 볼넷이나 몸에 맞는 공을 얻거나, 그 외에도 드물지만 포수나 야수가 타자의 행동을 방해했을 경우이다. 예컨대 주자의 움직임을 견제하기 위해 자리에서 일어서 앞으로 나가던 포수가 타자의 배트를 미트로 건드리는 경우가 여기에 해당한다. 따라서 밀어내기 실점이 많다는 것은 그만큼 투수의 능력이 떨어진다는 것, 그것도 공의 위력보다는 제구력이나 정신적인 집중력이 흐트러졌다는 것을 보여주는 척도가 되기도 하며, 밀어내기 득점의 비중이 많은 경기는 그만큼 수준이 떨어진다고 말할 수도 있다.

1988년 7월 8일, MBC 청룡과 롯데 자이언츠가 맞붙은 잠실 경기는 4대 1로 청룡이 승리했지만, 두 팀이 얻은 다섯 점은 모두 밀어내기로 만들어졌다. 그리고 바로 그 청룡을 인수해 새롭게 출발한 LG 트윈스를 롯데가 꺾었던 1990년 5월 5일의 잠실 경기에서의 2대 3이라는 점수 역시 순수하게 밀어내기로만 만들어진 것들이었다. 한편 롯데는 1986년 7월 27일 사직경기에서 삼성 라이온즈를 상대로 만루 상황에서 4연속 밀어내기 점수를 내준 '최다연속 밀어내기 실점' 기록도 가지고 있다.

박수 칠 때 떠날 수는 없는가, 방출

삼성 라이온즈에서 데뷔해 다섯 팀의 유니폼을 입었던 동봉철은 '팀으로부터 처음으로 버림받은 느낌'을 이렇게 기억했다.

"친정 팀과 처음으로 만나서 타석에 들어섰는데… 떨렸어요. 그냥 떨린 게 아니고, 방망이를 제대로 쥐자 못할 만큼 후들후들 떨렸어요. 그래서 안타를 치겠다거나 공을 골라내야 한다는 생각은 하지도 못했고, 옆에 앉아 있는 포수가 내가 떨고 있는 걸 보지 말아야 할 텐데, 하는 생각 밖에 안 들더군요. 그게 열이 받아서도 아니고, 얼어서도 아니고, 뭔지는 모르겠는데 그냥 그렇게 엄청 떨었던 기억 밖에 없네요."

주체할 수 없는 떨림. 그의 말대로 그것이 단순한 분노나 복수심은 아니었을 것이다. 자신을 버린 팀에 본때를 보여줘야겠다는 과열된 오기만도 아니었을 것이다. 그것은 평생을 야구장에서 살아온 한 사내가 새삼 발견한 냉랭한 현실 앞에서 조그만 빈틈이라도 보인다면 그대로 무너져버릴지도 모른다는 싸늘한 긴장이었을 것이다. 그래서 아직은 그렇게 함부로 버려질 만큼 쓸모없는 사람이 아니라는 사실을 스스로 입증해야만 한다는, 천금 같은 삶의 무게와의 살 떨리는 대결이지 않았을까.

누구에게나 버림받는다는 것만큼 고통스러운 일은 없다. 그것은 지금까지 자신이 받아왔던 따뜻한 대접들이 사실은 내가 가진 능력 따위를 향한 것이었을 뿐이라는 불편한 진실을 대면하는 일이기 때문이며, 또한 그나마 그런 능력마저 잃어버린 알몸의 자신은 더 이상 그런 대접을 받을 만한 가치를 가지지 못한 평범한 존재에 불과하다는 더 가슴 아픈 진실과 대면해야 하기 때문이다.

더구나 평생 야구만을 잡고 살아온 이들에게, 야구팀에서 버림받는다는 것은 현실적인 절망이기도 하다. 대개 초등학생 시절 야구에 입문해 야구 선수로서 삶의 목표를 잡은 이래 중·고등학교, 혹은 대학 시절 내내 수업과는 담을 쌓고 오로지 배트를 휘두르고 공을 던지는 일에만 전념해온 이들이 야구 말고 할 줄 아는 일이 있기는 어렵기 때문이다. 그래서 그들 중 지도자 자리를 얻거나, 새로운 팀을 만나 선수생활을 이어가는 행운을 잡는 몇몇을 제외하면 하필 가장 많은 돈이 필요하게 된 삼십 줄을 갓 넘어선 순간에, 퇴직금 한 푼 없이 일생일대의 가장 낯설고 험한 도전을 강요받게 된다.

야구 선수가 퇴직금 대신 계약금을 받는 직업이라지만, 사실 퇴직금 삼을 만큼 두둑한 계약금을 챙겨 받는 것은 낙타 바늘 귀 통과하기만큼 어렵다. 프로 팀에 지명된 선수들 중에서도 열에 하나가 될까 말까 한 정도의 일이다. 게다가 좋은 시절이 천년만년 가는 게 아니라는 것을 깨닫고 찬찬히 준비하기에는 야구 선수의 수명이 너무 짧다. 그래서 막상 구단 숙소를 나서는 순간 그들이 대면하는 현실은 사람들이 생각하는 것과는 달리 '박수 받으며 내려오고 싶다'는 한가한 명예나 자존심 타령이 아니라 당장 기저귀 값 잡아먹고 학원비 잡아먹으며 쑥쑥 커가는 자식을 바라보며 나오는 한숨들이다.

0.01초 차이로 세이프와 아웃이, 그리고 승리와 패배가 갈리는 야구장에서 몇 년의 세월은 짧지 않다. 그리고 해마다 새로운 선수를 뽑고 기회를 주어야 하는 야구팀에서 늙고 병들고 지친 선수들을 무작정 끌어안고 있을 수도 없다. 떠나고 헤어지는 일들이 다 그렇듯, 안타깝지만 어쩔 수 없는 일 중 하나가 야구장에서는 방출이다. 하지만 그렇게 승자가 남고 패자가 떠나는 걸로 그만인 것이 야구라면, 야구를 통해 인생을 생각한다는 것은 지나친 호들갑에 지나지 않는다.

2009년, 경기의 승패가 완전히 기울어지기 전에는 내보낼 수도 없었던 이대진의 이름을 한국시리즈 출전선수 명단에서 발견한 타이거즈 팬들이 열광하고 2008년 마해영의 마지막을 함께 했다는 것만으로 자이언츠 팬들이 흐뭇해하는 것이 또한 야구다. 야구장의 묘미는 멋진 플레이와 놀라운 기록들을 함께 하는 것에도 있지만, 함께 나이 들어가는 이들의 소박하지만 비로소 진지해진 싸움들을 지켜보며 내 일처럼 눈물겨워하고 내 일처럼 응원하는 것에도 있다.

방출의 아픔과 절망이 어떤 것인지를 보여준 이가 있다. 1982년,

전설적인 꼴찌신화를 썼던 삼미 슈퍼스타즈는 시즌이 끝나자마자 대규모 정리해고를 단행했다. 선수단의 1/3이 넘는 무려 11명의 방출. 그 중 김동철이라는 투수가 있었는데, 그 해 그는 팀의 80경기 중 32경기에 나서 93이닝을 던졌고 1승 9패 1세이브를 기록했다. 평균자책점은 7.06으로 지금까지도 규정이닝을 채운 투수 중 최악의 평균자책점으로 남아 있는 기록이다. 비록 빼어난 실력은 아니었지만 선발, 중간, 마무리 구분 없이 '마당쇠'노릇을 한 셈이었고, 대학 4학년을 중퇴하고 입단해 단 한 해를 뛰었을 뿐인 스물 네 살의 젊은이였다. 하지만 여지없이 '해고' 통지를 받은 그는 좌절했고, 결국 스스로 목숨을 끊음으로써 삶을 함께 마감했다.

그라운드 안의 치어리더, 배트걸

흔히들 야구장이란 '땀 흘리는 남자들을 보면서 여자들이 환호하는 곳'이라고 생각한다. 하지만 실제로 야구장 안에서 가장 힘한 일을 하는 것은 여자들이다.

아직 여자선수들을 배출하지 못한 한국 프로야구에서 경기가 진행되는 동안 경기장 안에서 움직이는 유일한 여성은 배트걸이다. 배트걸들은 타자들이 1루까지 달려 나가면서 내팽개친 배트를 수습하는 일과 주심의 주머니에 공이 떨어지지 않게끔 부지런히 가져다 채워주는 일을 한다. 그 밖에 투수와 포수가 필요할 때 로진백을 가져다주거나 내야에 떨어지는 파울볼과 배터리가 교체를 원하는 공을 받아 정리하는 것도 그녀들의 일이다.

2000년대 후반 이후에는 배트걸을 단지 경기 진행요원만이 아니라 관중들의 시선을 끄는 또 하나의 오락요소로 활용하려는 경향이 생겼다. 그래서 대개 미니스커트나 핫팬츠, 그리고 배꼽티를 입은 채 경기장을 누비는 그녀들은 '그라운드 안의 치어리더'로 불리기도 한다.

하지만 야구경기가 치러지는 동안 야구장 안에서 가장 긴 거리를 움직이는 것 역시 바로 배트걸이다. 그녀들은 매경기 평균 10km 안 팎의 거리를 달리는데, 그것은 선수들 중 가장 먼 거리를 움직이는 외야수들보다도 많게는 3배 이상 긴 거리에 해당한다.

경기장 안은 아니지만 경기장과 가장 가까운 곳에서 팬들을 바라보며 일하는 치어리더의 노동량과 노동 강도도 결코 만만치 않다. 야구 선수들이 대부분의 시간을 더그아웃에서 보내다가 자기 차례에만 등장하는 것과 달리, 치어리더들은 경기가 시작해서 마칠 때까지 쉴 새 없이 움직인다. 중반에 옷을 한 번 갈아입기 위해 대기실로 들어가는 때 정도가 쉬는 시간인데, 그걸 제외하면 대략 세 시간 넘게 격렬한 춤을 추어대는 것이 그녀들의 일이다. 그것 역시 선수들 중 가장 노동 강도가 높은 투수와 포수에 결코 모자라지 않는 수준의 것이다.

4월 초에 개막해 10월 말경 마무리되는 시즌 중 대략 4개월 정도는 밤이면 두툼한 외투나 담요를 준비해야만 떨지 않고 경기를 관전할 수 있는 쌀쌀한 날씨가 이어진다. 하지만 치어리더들은 일관되게 몸의 2/3 이상을 노출하는 옷차림을 유지해야 한다. 그녀들은 근육통과 더불어 감기몸살과 싸워 이겨야 하는 '무대 밖의 임무' 역시 부여받고 있는 셈이다.

이렇게 야구경기가 벌어지는 동안 가장 고되고 괴로운 역할을 해내는 것은 여성들이다.

하기야 야구란 원래 '달리는' 것과는 그리 관계가 깊지 못한 운동이며, 말처럼 그리 격렬한 순간들로만 이루어지는 경기도 아니다. 모

든 종목을 통틀어 선수들의 흡연율이 가장 높은 종목이 야구라는 점
도 그것과 무관하지는 않을 것이다.

가장 기억할 만한 백투백홈런

두 명의 타자가 연달아 날리는 홈런을 일컬어 흔히 '연속홈런' 혹은 '랑데부홈런'이라고 부르곤 한다. '랑데부홈런'이 일본식 명칭인 반면 미국에서는 '백투백홈런(back to back home run)'이라고 부른다. 세 명의 타자가 연속으로 홈런을 때려내는 경우에는 '백투백투백홈런(back to back to back home run)'이라고 한다.

한국에서는 '백투백투백투백' 홈런이 한 번 나온 적이 있었다. 2001년 8월 17일 대구에서 열린 삼성과 한화의 경기에서 삼성은 3회 말 이승엽, 마르티네스, 바에르가, 마해영이 연달아 홈런을 날리며 순식간에 1대 0의 점수차를 5대 0으로 벌려놓았다. 그 날 한화의 선발투수는 한용덕이었다.

미국에서도 4연속홈런이 최다기록인데, 모두 다섯 차례 작성이 되었다. 1961년 밀워키, 1963년 클리블랜드, 1964년 미네소타, 2006년 LA 다저스가 각각 기록한데 이어 2007년에는 보스턴 레드삭스의 라미레스, J. D. 드루, 마이크 로웰, 제이슨 베리텍이 연달아 홈런포를

쏘아 올리며 양키스에게 3대 0으로 끌려가던 승부를 단숨에 4대 3으로 뒤집은 적이 있었다.

하지만 프로야구 세계기록은 일본이 가지고 있다. 1971년 5월 3일 도에이 플라이어즈는 롯데 마린즈를 상대로 연장 10회 초 무려 다섯 명의 타자가 연속홈런을 기록했던 것이다.

'연속타자홈런'과는 다르지만 현대 유니콘스는 '5연타수홈런'을 기록한 적이 있다. 2000년 4월 5일, 대전경기에서 현대는 7회 초 박종호, 박재홍, 윌리엄스가 연달아 홈런을 날린 데 이어 심재학이 몸에 맞는 공으로 출루한 다음 또다시 퀸란과 이숭용이 연속 홈런을 날렸다. 그 날도 상대는 한화 이글스였다.

하지만 그보다 더 깊은 인상을 남긴 것은 단 두 명의 타자가 합작한 단순한 '백투백홈런'이었다. 2002년 11월 10일 대구 야구장에서 열린 한국시리즈 6차전에서 9대 6으로 끌려가던 삼성 라이온즈는 9회 말 이승엽의 동점 스리런 홈런에 이어 숨 돌릴 틈도 없이 터져 나온 마해영의 역전 솔로홈런으로 경기를 끝내고 만다. 하지만 그것이 한국시리즈 최종전에서 터져나온 것이라는 점, 그리고 한국시리즈에 일곱 번이나 진출하고도 일곱 번의 준우승에만 머물러야 했던 삼성 라이온즈라는 전통의 강팀에게 한국시리즈 우승컵을 안겨준 두 방이었다는 점에서 의미가 달랐다. 그 경기에서 져서 3승3패의 동률을 허용한다면 7차전은 오히려 수세적인 입장에서 치러야 할 위기에서 만들어낸 기적적인 대역전극이었던 것이다.

청룡언월도보다는 비수에 가까운 번트

'심장에 비수가 박힌 듯한 아픔'이라는 표현을 종종 접한다. 하지만 '관우가 휘두르는 청룡언월도에 맞아 두 동강 나는 듯한 아픔'이라는 표현을 쓰는 사람은 없다. 역시 사람의 마음을 찔러 주저앉히는 치명적인 타격은, 크고 강한 것보다는 작고 부드러운 것으로부터 오는 것인 모양이다.

야구에서 홈런은 '대포', 안타는 '소총'으로 흔히 비유되곤 한다. 그래서 홈런을 많이 때리는 팀의 타선을 '대포부대', 연속안타에 의존하는 팀의 타선을 '소총부대'라고 부른다. 그런 야구장에서 '비수'에 해당하는 공격을 떠올려본다면 번트가 아닐까. 시속 150km의 속도로 질주하는 공과 그 못지않은 속도로 회전하는 배트가 충돌하는 홈 플레이트. 인간이 가진 시계로는 도저히 측정할 수 없는 미세한 순간에 배트가 공을 밀어내느냐, 밀려나느냐에 따라 홈런과 뜬공이 결정되고 안타와 파울이 결정되는 그 치열한 전장 위에서 배트를 정지시킨 채 옥박질러오는 공을 멈추게 만드는 역설적인 공격이 바로 번트이기 때문이다.

그래서 번트는 수비망을 찢고 외야로, 다시 담장 너머로 뻗어나가야만 이길 수 있다는 야구장의 일반적 상식의 틈새를 찌르는 공격이다. 내야수들의 손이 도저히 닿을 수 없는 곳을 찌르거나 투수와 포수의 마음에 생겨난 미세한 빈틈을 정확히 포착해내지 못한다면, 번트란 그저 손쉽게 상대에게 한 개의 아웃카운트를 선사하는 자살행위가 될 수도 있기 때문이다.

하지만 마찬가지 이유에서 성공한 번트는 상대의 마음을 쳐서 무너뜨릴 수도 있다. 절대 안전한 공간이라고 믿었던, 그래서 미처 대비하지 못했던 틈으로 비집고 들어온 칼끝은 스스로 구상하고 의지해온 전선과 구도 자체를 무너뜨리기 때문이다.

무사, 혹은 1사에 주자를 3루에 둔 상황에서 점수를 얻기 위한 가장 확률 높은 공격이 바로 번트다. 안타나 외야 뜬공으로도 점수를 얻을 수는 있지만, 그보다는 번트의 성공가능성이 훨씬 높기 때문이다. 하지만 실제 야구장에서의 그런 상황에서 번트는 가장 드물게 나오는 작전이기도 하다. 왜냐하면 혹시라도 실패했을 경우 천신만고 끝에 3루까지 진출한 귀한 주자를 횡사시킬 가능성 또한 매우 높기 때문이다.

그런 점에서 2009년 10월 21일 잠실에서 열린 한국시리즈 5차전 3회말 1사 1, 3루 찬스에서 기아 타이거즈 조범현 감독이 선택한 스퀴즈번트 작전은 대단한 승부수였다. 불펜 싸움에서라면 서로 밀린다고 생각하지 않는 두 팀의 대결에서 선취점의 가치는 거듭 설명할 필요가 없을 것이었다. 하지만 와이번스가 1, 2차전을 내주고도 3, 4차전을 잡아내며 오히려 분위기를 유리하게 끌어가고 있던, 그리고 선발 카도쿠라가 기아 타선을 전반적으로 압도하고 있던 상황에서 초반부터 결정적인 득점주자를 횡사시킨다면 타이거즈는 그 한 경기뿐 아니라 시리즈 전체의 흐름을 내줄 가능성 또한 높았기 때문이다.

게다가 작전의 타이밍도 그리 좋지 않았다. 역시 노련한 SK 벤치에 작전을 읽혔고, 카도쿠라-정상호 배터리가 공을 바깥쪽 멀리 빼냈기 때문이다. 볼카운트 1-1에서 카도쿠라가 투구동작에 들어갔을 때 이미 기아의 3루 주자 이현곤은 홈을 향해 달리기 시작했다. 그리고 미리 약속된 대로 그 문제의 3구가 벌떡 일어선 포수 정상호의 글러브를 향해 한참을 날아갔을 때에야 일이 틀어진 것을 깨달은 3루주자 이현곤은 멈칫 하던 찰나였다. 일반적으로 그런 경우라면 3루 주자 이현곤이 3루수와 포수 사이에서 협살에 걸려들고, 대결은 이현곤이 3루와 홈 사이를 오가며 시간을 벌어주는 사이 1루 주자 김원섭이 2루까지 갈 수 있느냐로 옮겨갔어야 했다.

하지만 시리즈 내내 타격감을 찾지 못한 채 실망스런 모습만 보여왔던 국가대표 1번 타자 이용규가 몸을 날려가며 그 공을 방망이로 맞혔고, 3루 주자 이현곤은 다시 방향을 틀어 홈을 밟아내는 데 성공했다. 비유하자면, 이용규의 스퀴즈번트는 매복작전에 걸린 절체절명의 순간에 적들에게 날린 치명타와 같았다.

물론 카도쿠라와 SK가 그 한 점을 내준 뒤로 무너져버린 것은 아니었다. 하지만 계산되지 않은 그 한 점은 초반 기세가 카도쿠라만 못했던 기아 선발 로페즈에게 큰 힘이 되었고, 6회에 다시 찾아온 기회에서 또 다시 나지완에게 부담 없이 보내기 번트 작전을 내며 착실히 추가점을 만들어낼 수 있는 배경이 되었다. 물론 나지완의 번트 성공과 최희섭의 적시타에 이어 이종범이 때렸던 2루수 앞 병살타성 땅볼이 승부에 쐐기를 박는 세 번째 점수가 된 것 역시 사람이 계산에 넣을 수 없는 돌발변수였다.

'야구는 선수가 한다'는 말이 있다. 한 줄로 이루어진 세상의 모든 경구가 그렇듯, 그 말도 반은 맞고 반은 틀리다. 경기를 이길 수 있게 하는 것 못지않게 지게 만드는 것 역시 코칭스태프라는 점을 생각하면 코웃음 나는 말이기도 하다. 하지만 상대에게 간파당한 작전이 선수의 기지와 순발력으로 반전되는 상황에서만큼은 정확히 들어맞는 말이기도 하다.

매복된 불운, 병살타와 삼중살

무사 주자 1, 2루, 볼카운트는 2-3. 투수는 반드시 스트라이크를 던져야 하며 주자는 투수가 투구동작에 들어가자마자 대개 자동으로 스타트를 하게 되는 상황. 3루 선상에 서 있는 공격 팀 주루코치가 엔돌핀이 샘솟는 걸 느끼며 슬슬 어깨를 풀기 시작하고 수비 팀 감독이 더그아웃 구석에서 자신을 주목하고 있을 TV 중계 카메라를 의식하며 식은땀조차 훔쳐내지 못한 채 굳은 표정으로 숨을 죽이게 되는 순간.

길게 숨을 고른 투수는 마음을 비웠다는 듯 투구동작을 시작하지만 앞쪽 다리를 들자마자 시야 양쪽 끝에서 다른 쪽 끝으로 질주하는 주자 두 명의 잰 발걸음이 느껴진다. 그래선지, 아니면 마음과 달리 어깨는 끝내 긴장을 버리지 못했는지 공은 생각보다 너무 가운데로 몰린 채 밋밋하게 날아가고, 반대로 헛스윙만 아니면 파울이라도 상관없다는 여유로운 마음으로 가볍게 휘둘러진 타자의 배트는 공을 정확히 때려낸다. 타구는 총알같이 투수 곁을 스쳐지나가고, 망연자실한 투수의 시선은 '한 점짜리인가, 두 점짜리인가'를 확인하기 위해 반사적으로 몸을 돌이켜 중견수 쪽을 향한다. 모든 일이 공격 팀의 기대와 수비 팀의 우려대로 흘러가는, 어쩌면 한 경기의 승부 자체가 성큼 움직이는 순간이다.

하지만 1루 주자의 움직임을 따라 반사적으로 몸을 움직이던 2루수는 정확히 2루 베이스 위에서 타구를 잡아내고 한쪽 다리를 뻗어 2루 베이스를 찍은 다음, 다시 몸을 돌려 이미 2루 베이스 앞까지 달려와 있던 1루 주자의 몸을 태그한다. 직선타를 잡는 순간 타자를, 이미 스타트한 주자가 비워둔 2루 베이스를 밟는 순간 2루 주자를, 다시 달려오던 관성을 이기지 못한 채 2루수의 코앞까지 다가와 있던 1루 주자의 몸을 태그하는 순간 1루 주자를 아웃시킨 삼중살. 불과 1초 안팎의 순간에 단 두어 걸음도 움직이지 않으면서 혼자 잡아낸 세 개의 아웃카운트. 한껏 달아오르던 공격 팀의 더그아웃은 말 그대로 급속 냉각모드로 바뀌고, 몰릴 대로 몰려있던 수비 팀 선수와 코칭스태프들은 서로 얼굴을 마주보며 얼떨떨한 웃음을 주고받는다.

2007년 6월 13일, 삼성 라이온즈 3, 4번 양준혁과 심정수를 2루와 1루에 놓고 5번 박진만의 정확한 타구를 잡아내 분위기를 극적으로 뒤집어낸 기아 타이거즈 2루수 손지환의 '무보살 삼중살' 상황이다. 아마도 앞으로 몇 십 년 동안은 손지환이 아니고 기아 타이거즈가 아니라도, 바짝 몰린 절체절명의 위기 상황마다 수비 팀 선수와 코칭스태프와 팬들이 떠올리며 기대하게 될 희망의 근거가 될 만한 그림이다.

　병살타는 홈런과 반대편에 서 있는, 공격하는 입장에서 가장 최악인 경우의 수다. 홈런이 한 번에 4점까지 쏟아내면서 동료 타자들의 팔뚝에 불끈불끈 힘이 솟아오르도록 자극한다면 병살타는 바로 앞 순간 안타를 때려내거나 끈질기게 공을 골라내며 출루해 환호했던, 그리고 다음 타석에 들어서기 위해 마음을 가다듬고 있던 동료들을 허탈하게 하며 반대로 공 한 개로 두세 개의 아웃카운트를 잡아낸 상대 투수에게 좋은 원기회복제를 선물하는 셈이 되기 때문이다.

　병살타는 어쨌거나 수비수들의 재빠른 동작과 정확한 호흡이 없으면 만들어지지 않는다. 그래서 병살타는 '투수 놀음'이라는 야구에서 똑똑하고 민첩한 야수들 없이 강팀이 될 수 없는 이유를 보여주는 대표적인 사례가 되기도 한다. 심심치 않게 안타성 타구를 잡아내며 점수와 주자를 아웃카운트로 바꾸어내는 야수들의 지원을 받는 투수와, 정면으로 타구를 유도해도 꼭 한두 개씩 주자를 흘리며 결국 불필요한 여러 개의 자책점과 투구수를 얹어놓는 야수들을 하염없이 바라봐야 하는 투수 사이에는, 133경기를 치르는 동안 엄청난 격차가 벌어져버리기 때문이다.

　하지만 병살타는 보기보다 모호하고 역설적인 구석이 있는 기록이다. 그것이 수비수들에게 박수를 보내야 하는 이유이기는 하지만, 꼭 타자를 향해 야유와 비난을 퍼부을 수는 없기 때문이다. 야구장에는 그런 역설이 있다. 누구도 실수한 것이 아니며 누구도 잘못한 것이 아닌 상황, 아니 오히려 예상하고 기대한 것 이상으로 잘한 플레이가 오히려 치명적인 부메랑이 되어 공격의 흐름을 끊어버리게 되는 '병살'

이라는 요소 말이다.

축구장에 '상대방 골대를 맞히는 날은 이기지 못 한다'는 속설이 있다면 야구장에는 '병살타 세 개 치고 이기는 경기 없다'는 속설이 있다(병살타 3개를 치고도 이기는 경우는 숱하게 있다). 그것은 '골문 구석을 절묘하게 찌르는 슈팅'과 '골대를 맞고 튀어나오는 공'의 차이는 불과 몇 센티미터에 불과하며 그만큼의 간격은 도저히 사람의 능력으로 움직일 수 없는 범위라는 축구인들의 고백이다. 그리고 '내야수와 외야수 아무도 잡을 수 없는 곳에 떨어지는 텍사스안타'가 '6-4-3으로 이어지는 병살타'보다 기술적으로 높은 경지에서 생산된다고 할 수는 없는 것이라는 야구인들의 인정이다. 축구건 야구건, 실력이 아닌 운이 지배하는 순간이 분명히 있다는 이야기다.

병살타란 대개 좋은 기회와 좋은 타구가 만나는 상황에서 터져 나온다. 어지간히 잘 맞지 않은 타구는 두 명의 주자를 잡을 만한 시간을 벌어주지 못하며, 주자가 없거나 2사를 당한 뒤처럼 '기회'라고 말하기 어려운 상황에서는 병살타가 근본적으로 나올 수 없기 때문이다. 그리고 '병살타를 줄이기 위한 타격훈련'을 요구하는 지도자도 없다. 병살타란 피하려 한다고 피할 수 있는 것이 아닐 뿐만 아니라, 피해가려다 보면 오히려 좋은 타구를 만들어낼 수 없기 때문이다.

그래서 통산 병살타 부문 맨 위쪽에 이름을 올려두고 있는 선수는 의외로 안경현, 마해영, 양준혁, 이만수, 김한수처럼 여러 해 동안 팀의 중심에서 활약해온 강타자들이다. 그리고 팀별 병살타 개수와 순위 사이에도 별다른 연관성이 없다. 지난 몇 년간 꾸준히 상위권을 지켜온 SK와 두산은 해마다 평균 이상의 병살타를 때리는 팀이었다.

그래서 병살타라는 사건을 놓고 강팀과 약팀을 가려볼 수 있는 것은 오히려 그것이 터져 나온 다음의 상황이다. 두세 번 쯤 적시타가 아닌 병살타로 누상이 깨끗이 청소된 다음 순간마다 타자들이 '어차피 나간다고 들어올 수 있는 게 아니라는' 생각으로 홈런 스윙으로 일관하는 팀과, 지독한 불운을 상대로 '네가 이기나 우리가 이기나 보자'는 집념으로 또다시 집요하게 공을 골라내고 안타를 쳐서 한 발 한 발 치밀하게 1루를 노리는 팀이 구분되기 때문이다.

그래서 병살타를 많이 때린다고 약한 팀이라고는 말할 수 없다. 오히려 정확히 말하자면 병살타를 많이 때리고도 이겨내는 팀이 정말 강한 팀인 것이다. 병살타가 경기를 해가면서 아무리 잘하더라도, 혹은 잘 할수록 나올 수밖에 없는 돌발적인 변수라면 그것에 마음 휘둘리지 않고 차근차근 그 다음 기회를 만들어가는 단단한 의지가 진정한 실력이라고 말할 수 있지 않겠는가.

사실 쉽게 하는 말과 다르게 땀과 노력은 종종 사람을 배신한다. 스포츠가 도박과 달라봤자 '기칠운삼(技七運三)'이냐 '운칠기삼(運七技三)'이냐의 차이에 불과하기 때문에도 그렇고, '기(技)'라는 것 또한 노력만이 아니라 '재능이라는 이름의 또 다른 운'으로도 이루어지는 것이기 때문에도 그렇다. 하지만 불운 앞에서 무너지지 않는 의지만 있다면, 결국 승부를 가르는 것은 노력의 절대적 양이라는 점에 야구의 매력이 있고 인생의 공정함이 있다.

야구의 여러 요소가 삶의 여러 구석을 은유한다면, 병살타는 행운과 성공 사이사이에 매복하고 있는 불운을 상징한다. 그리고 병살타 직후의 타석에서도 공 한 개를 골라내는 데 전념하는 타자의 승부는 집요한 불운 속에서도 삶을 포기할 수 없는 사람들이 용기를 얻을 수 있는 한 근거가 된다.

패싸움 혹은 싸움 말리기, 벤치클리어링

그라운드 위에서 선수들 사이에 싸움이 벌어졌을 때, 양 팀 소속 선수들이 모두 그라운드로 몰려나와 뒤엉키는 것을 말한다. 그러면 벤치가 깨끗이 비워지게(clearing) 되기 때문이다. 흔히 벤치클리어링(Bench-clearing brawl)은 '패싸움'과 같은 말로 이해되곤 하지만, 사실 대개의 벤치클리어링은 반대로 '싸움 말리기'의 성격을 가진다.

야구는 공이나 배트, 혹은 스파이크 등을 통해 다른 선수에게 심각한 부상을 입힐 수도 있는 운동이기 때문에 선수들은 늘 그라운드 위에서 긴장할 수밖에 없다. 그리고 그렇게 긴장된 상황 속에서 빈볼이나 위협구, 혹은 위험한 슬라이딩이나 자극적인 욕설 같은 사건이 돌출하면 종종 선수들 사이에 몸싸움이 벌어지게 된다.

그런 경우 소속팀 동료들의 입장에서는 자기 팀 선수가 심각한 부상을 입지 않도록 보호해야 하는 동시에 경기에서의 기싸움에서 밀리지 않기 위해 그 갈등상황에서 자기 팀 선수에 대한 지지의 뜻을 표현해야 한다. 그래서 함께 그라운드로 달려 나가 여러 사람의 몸으로 갈등상황을 무마하는 동시에 자기 팀의 위세와 단합을 과시하는 행동을 하게 되는 것이다. 그라운드에서 몸싸움이 벌어질 때 함께 달려 나가지 않는 선수는 이기적인 선수로 찍히게 된다. 메이저리그의 경우에 그런 이기적인 선수들에게 벌금을 물리기까지 하는 것은 벤치클리어링이 '동료를 보호하고, 팀의 단합을 공고히 하는' 행위로 인식되기 때문이다.

하지만 때로는 벤치클리어링이 의례적인 과시행위 정도가 아니라 정말 '패싸움'으로 비화되는 경우가 없지는 않다. 평소 두 팀 사이에 집단적인 대결의식이나 분노가 고조되어 있는 경우, 혹은 미처 말리고 보호할 틈도 없이 치명적인 공격이 감행되어버린 경우에 그런 일이 종종 벌어진다.

1990년 6월 5일 잠실구장에서 OB 베어스와 삼성 라이온즈 선수들이 충돌했던 사건은 한국 프로야구 사상 최악의 벤치클리어링으로 기록되어 있다. 그날 7회 초 OB 투수 김진규가 타석의 강기웅에게 빈볼성 초구를 던진 데 이어 기어이 2구로 몸을 맞히자 강기웅이 손에 배트를 쥔 채 김진규에게 달려들면서 벤치클리어링 상황이 연출되기 시작했다. 하지만 그라운드로 쏟아져나온 동료선수들은 강기웅과 김진규 사이의 몸싸움을 말리는 대신 주먹과 발길질을 보태기 시작하면서 말 그대로 집단 난투극이 되고 말았는데, 그 이유는 80년대 내내 관통해온 두 팀 삼성과 OB의 라이벌 의식, 그리고 강기웅이 자신의 영남대 2년 후배인 김진규가 의식적으로 몸에 맞는 공을 던졌다는 배신감 때문에 스파이크 날을 세운 채 옆구리를 강타하는 치명적인

벤치클리어링 : 소속팀 동료들의 입장에서는 자기 팀 선수가 심각한 부상을 입지 않도록 보호해야 하는 동시에 경기에서의 기싸움에서 밀리지 않기 위해 그 갈등상황에서 자기 팀 선수에 대한 지지의 뜻을 표현해야 한다.

공격을 가했다는 것이다.

그날 몸싸움의 격렬함은 무려 22분간이나 이어진 그 난투극을 말리려고 고군분투하던 주심 김동앙이 누군가의 발길질에 맞아 갈비뼈 골절상을 입을 정도였으며, 그 결과 강기웅과 김진규, 그리고 OB의 조범현, 김태형, 삼성의 박정환, 김종갑 등 모두 여섯 명의 선수가 퇴장당하고 다시 삼성의 강기웅과 이복근은 경찰서에 형사입건되어 조사를 받아야 했다.

하지만 한국의 경우 대개 벤치클리어링이 격렬한 패싸움으로 비화되지 않는다. 그 이유는 야구판이 좁은 바닥이기 때문이다. 50개 남짓한 고등학교, 그 중에서도 명문으로 불리는 십여 개의 고등학교와 대학교, 그리고 8개 밖에 안 되는 프로구단을 거치면서 서로 촘촘한 선후배 관계로 배열되어 있을 뿐만 아니라 언제 어느 팀에서 한솥밥을 먹게 될지 모르는 한국의 프로야구 선수들이 서로를 향해 돌이킬 수 없는 치명적인 행동을 하기는 쉽지 않기 때문이다.

타자와 주자를 속이기 위한 꼼수의 적발, 보크

보크(Balk)는 '방해하다'라는 뜻의 단어다. 야구장에서는 '위투', 즉 투구동작에서 속임수를 쓰는 행위를 가리킨다. 심판에 의해 보크가 선언되면 주자들에게는 각각 한 베이스씩의 진루권이 주어지며, 타자에게는 한 개의 볼이 카운트된다.

야구경기의 플레이는 투수가 공을 던지는 순간부터 시작된다. 따라서 그 출발점이 되는 투수의 투구동작에 대해서는 세밀한 규정의 간섭이 이루어지는데, 그렇지 않을 경우 투수의 투구를 신호로 개시되는 타자의 스윙과 주자의 주루에 관한 모든 동작이 잘못된 영향을 받기 때문이다.

예컨대 투수가 타자에게 공을 던지는 척하면서 실제로는 던지지 않는다거나, 혹은 갑자기 동작을 바꾸어 누상의 주자에게 견제구를 던진다면 타자와 주자는 제대로 타이밍을 잡아 타격과 주루를 하지 못하게 될 뿐 아니라 근육, 신경 계통의 부상을 입을 우려도 생기게 된다.

투수의 보크행위를 판단하는 가장 중요한 기준은 투수판이다. 투수판은 투수가 투구동작을 시작할 때 반드시 밟고 있어야 하는 곳이기 때문이다. 따라서 투수판을 밟지 않은 채 투구동작을 하거나, 투수판을 밟은 상태에서 투구가 아닌 다른 동작을 하는 경우가 대표적으로 보크에 해당한다. 예컨대 투수가 투수판에 중심 발을 디딘 채 투구동작을 시작한 다음 그 투구를 중지할 때, 투수판을 디딘 채 1루에 송구하는 흉내만 내고 실제로는 하지 않을 때, 투수판에 발을 디딘 투수가 루에 송구하기 전에 발을 그 루의 방향으로 똑바로 내딛지 않을 때, 투수판에 발을 디딘 투수가 주자가 없는 루에 송구하거나 송구하는 흉내를 낼 때 등이 그렇다. 그리고 그 밖에도 타자가 타석에서 아직 충분한 자세를 취하지 못한 상황에서 갑작스럽게 투구하거나 투구동작 중에 멈추었다가 다시 진행하는 식으로 타자를 현혹하는 경우에도 보크가 선언된다.

한국 프로야구에서 벌어진 가장 특이한 보크는 1986년 7월 26일 잠실 경기에서 빙그레 이글스 소속이던 장명부가 저지른 '고의보크'였다. 그날 경기 6회 말에 6대 5로 앞선 경기를 지키기 위해 구원등판한 장명부는 8회 말에 동점을 허용한 데 이어 9회 말에도 선두타자에게 안타를 맞아 역전주자를 내보냈고, 이어 다음 타자가 타석에 들어선 상황에서 공을 가지지 않은 채 투구와 유사한 동작으로 몸을 풀다가 보크를 선언 당했다. 그러자 심판 판정에 불만을 품고 연속으로 두 개의 고의사구를 던져 만루를 만들어놓은 다음 투구 자세에서 곧바로 3루에 견제구를 던지는 '고의보크'를 저질러 결승점을 내주었다. 한국 프로야구사에 유일한 '끝내기 고의보크'였던 셈이다.

봉황기 고교야구대회

한국일보가 주최하고 있으며, 첫 대회는 1971년이었다. 봉황기대회를 특징짓는 것은 무엇보다도 예선 없이 전국의 모든 학교들이 참가하는 유일한 전국대회라는 점이었다(2008년부터는 황금사자기 대회도 예선을 폐지했다). 그래서 사람들은 봉황기를 '한국의 고시엔'이라고 부르기도 하며, 사회인야구 선수들을 '선출(선수출신)'과 '비선출(비선수출신)'로 나누는 기준 역시 봉황기 고교야구대회 출전자 명단에 이름을 올렸는가로 삼고 있다.

봉황기 역사 속에서 가장 많은 이들의 기억에 남은 순간은 1981년 제11회 대회 결승전이었다. 그 경기에서 당시 투타 양면에서 고교무대 최고의 재능과 실력을 갖춘 것으로 평가받던 선린상고의 박노준이 경기 초반 홈슬라이딩 중에 스파이크가 젖은 그라운드에 박히는 바람에 발목이 부러지는 부상을 입고 병원으로 후송되었고, 그 빈틈을 비집고 성준이 이끌던 경북고가 역전우승에 성공했던 것이다. 그러나 준수한 외모와 두드러지는 야구실력을 바탕으로 여고생들의 절대적 지지를 받던 박노준은 천재선수라는 이미지에 더해 비운의 주인공이라는 극적인 이미지를 덧입으며 역설적인 영웅으로 떠올랐던 것이다.

당시 박노준이 입원하고 있던 병원 앞에서 길게 장사진을 쳤던 여고생들의 행렬은 하나의 문화현상이었고, 박노준은 '한국사회 최초의 아이돌 스타'로 지칭되기도 한다. 이듬해 출범한 프로야구의 인기는 그렇게 달아올랐던 고교야구의 열기에 뒷받침된 측면이 컸다.

따로 예선전을 치르지 않는다는 점 때문에 봉황기는 이변이 많은 대회로 꼽힌다. 다른 대회들에 비해 한 번이라도 지면 떨어지는 경기를 더 많이 치러야 하기 때문에 전통의 강호들도 매회 초반에는 전력을 아끼느라 주력 투수들을 쉬게 하려다가 의외의 복병을 만나 초반에 탈락하는 일이 종종 벌어지곤 했다. 그래서 서울에서 치러지는 나머지 세 개의 전국대회(대통령배, 청룡기, 황금사자기)에서 영남권과 수도권 학교들이 강세를 보여온 것과 달리 봉황기에서는 충청권의 천안북일고가 5번으로 최다우승기록을 가지고 있는 것을 비롯해 우승팀의 분포가 넓고 다양하다는 특징이 있다.

공정한 야구란 무엇인가, 부정행위

야구는 방망이로 공을 때리고 사람이 뛰는 경기다. 따라서 방망이와 공과 사람에게 뭔가 '손을 쓰면' 더 유리한 결과를 얻을 수도 있다.

방망이에 손을 쓰는 방법 중 가장 고전적인 것이 압축배트다. 말 그대로 압축시켜서 밀도를 높인 나무로 만든 배트는 공에 맞는 순간 배트로 흡수될 충격이 고스란히 공에 집중되며 훨씬 멀리 날아갈 뿐만 아니라, 조금 빗맞더라도 배트가 부러지지 않고 공에 힘을 보낼 수 있게 된다. 하지만 너무 많이 압축시킨 배트를 쓰면 타격하는 순간 '딱'하는 나무 특유의 소리 대신 '땅'하는 금속성의 소리가 나기 때문에 상대팀의 의심을 살 수 있다.

그 밖에 새미 소사가 쓰다가 탄로가 나서 망신을 당했던 걸로 유명한 코르크 배트도 있다. 배트 속의 어느 만큼을 코르크로 채워 넣어 무게를 줄인 배트를 말한다. 크기와 공을 때리는 부분의 강도는 똑같은 상태에서 배트의 무게만 줄이는 효과가 있기 때문에 파워와 배트 스피드를 모두 얻을 수 있는 장점이 있다. 하지만 새미 소사의 경우처럼 자칫 잘못해서 배트가 부러지고 그 단면을 상대팀 포수나 심판이 보게 된다면 쉽게 탄로날 수 있다는 문제점이 있다.

공에 손을 쓰는 방법으로 대표적인 것은 '스핏볼'과 '에머리볼'이다. 스핏볼은 공에 가래침이나 바셀린 같은 것을 발라서 던지는 걸 말하고 에머리볼은 못이나 클럽조각 같은 것으로 공의 표면에 상처를 내서 던지는 것을 말하는데, 모두 공이 날아가는 동안 받게 되는 공기의 저항을 불규칙하게 만들어 궤적에 변화를 주기 위한 것이다. 그렇게 인위적인 조작을 해서 던지게 되면 마치 훌륭하게 구사된 너클볼처럼 변화무쌍한 궤적을 얻을 수 있다.

사람(선수)에게 손을 쓰는 대표적인 방법은 약물이다. 물론 역도나 육상 같이 순수한 근육의 힘을 겨루는 경기가 아닌 야구에서도 약물의 효과가 나타나겠느냐고 의구심을 가지는 이들이 없지는 않다. 하지만 타구의 비거리가 5미터만 늘어나도 한 선수가 매 시즌 열 개 이상의 뜬공을 홈런으로 바꿀 수 있는 것이 야구이며 직구의 구속을 시속 5km만 올려도 매 시즌 5승 이상의 효과를 얻을 수 있는 것이 야구라는 점을 생각하면 쉽게 간과할 수 없는 문제다.

그 외에 경기장에 손을 쓰는 방법도 있는데, 홈팀이 자기 팀 투수들의 상태를 감안해 마운드를 규정 이상으로 높이거나 낮추는 방법, 원정팀 더그아웃에 감시카메라나 도청장치를 설치하는 방법, 포수를 정면으로 바라볼 수 있는 전광판 쪽 어디쯤에 망원렌즈를 설치해 사인을 훔쳐내는 방법 등이 있다. 하지만 경기장에 손을 댄다는 것은 구단, 혹은 최소한 선수단 차원의 결정과 결행이 있어야 하는데 그런 엄청난 비밀을 언제까지나 유지하기가 쉽지 않다는 점에서 실제로 벌어지기는 어렵다.

공 한 개로 성공과 실패가 갈리는, 그리고 성공과 실패 사이에 너무 많은 것이 걸려 있는 프로무대에서 부정행위의 유혹은 상존한다. 따라서 그런 유혹 앞에서 너무 진지하게 고민할 필요조차 없도록 만들어주지 않는다면, 그래서 오히려 '하지 않는 것이 손해'라는 인식이 퍼지게 되면 누구라도 그 유혹에 빠지게 된다. 특히 여러 가지 부정행위들 중에서도 '혼자만의 결단으로 가능하며, 발각될 우려가 가장 적고, 효과는 가장 크며, 남들도 가장 흔히 사용하는' 방법인 약물에 대해 위원회와 협회가 분명하고 단호하고 세밀한 입장을 보이는 것이 반드시 필요한 이유다.

투수의 몸 풀기를 위한 배려, 불펜

구원투수가 경기에 나가기 전에 경기장 한쪽에서 준비운동을 하는 곳을 가리킨다. 투우장에서 투우가 드나드는 통로처럼 생겨서 그렇게 부른다는 설이 있고, 구장 안의 양 옆쪽에 담배회사인 불 더햄(Bull Durham)의 광고판이 붙은 담장 근처에서 양팀의 투수들이 몸을 풀었다는 데서 유래했다는 설도 있다.

하지만 주로 투수들이 몸을 푸는 곳은 타자들이 날리는 가장 강력한 직선타구의 파울볼이 날아드는 곳이기 때문에 매우 위험하다. 그래서 전날 선발 등판했던(따라서 그날 등판할 가능성이 가장 적은) 투수들이 그 앞에서 망을 보면서 날아오는 공을 잡아내는 역할을 하는 것이 일반적이며, 최근 새로 지어지는 야구장의 경우에는 그라운드 밖의 구분된 공간에 불펜을 따로 마련하는 추세다. 한국의 경우 잠실, 문학, 사직구장에 불펜이 따로 준비되어 있어 투수들이 몸을 푸는 데만 전념할 수 있다.

하지만 최근에는 불펜이라는 말이 투수들이 몸을 푸는 곳을 가리키는 데서 나아가, 그곳에서 몸을 풀며 경기 투입을 준비하는 '구원투수들'을 가리키는 용어로 확장되고 있다. 현대야구에서 롱릴리프, 스윙맨, 미들맨, 셋업맨, 마무리 등으로 분화된 구원투수들을 총칭하는 개념이 되고 있는 것이다.

롱 릴리프란 선발투수가 조기에 무너지는 경우, 혹은 시즌 중 구원투수들이 부족해진 상황에서 3이닝 이상의 상대적으로 긴 이닝을 던지는 투수를 말한다. 반면 선발투수가 6회 정도까지 던지며 무사히 임무를 완수했을 경우 7회와 8회를 각기 나누어 던지는 투수들을 미들맨과 셋업맨이라고 하며, 이기고 있는 경기의 마지막 한 이닝 정도를 책임지며 승리를 지켜내는 투수를 마무리(클로저)라고 한다. 그 밖에 왼손타자 같은 특정한 유형의 타자를 잡아내기 위해 경기의 결정적인 고비에서 등판해 한두 타자만을 상대하고 물러나는 '원포인트릴리프'나 롱 릴리프의 임무를 수행하다가 선발진에 구멍이 날 경우에는 선발투수로도 등판하는 '스윙맨' 같은 보직도 있다. 물론 굳이 말하자면 지고 있는 경기에 나서서 다른 투수들의 어깨를 아껴주는 역할을 하는 '패전처리 투수' 또한 불펜에 속한다고 볼 수 있다.

악과 깡의 맞짱, 빈볼

빈(Bean), 즉 '콩'은 미국에서 사람의 머리를 가리키는 은어로 쓰인다. 즉, 빈볼(Bean Ball)이란 투수가 타자의 머리를 향해 의도적으로 던지는 공을 가리키는 말이다. 하지만 요즘에는 꼭 머리가 아니더라도 고의적으로 타자의 몸을 맞히기 위해 던지는 공을 두루 가리킨다.

'악동'이라는 별명으로 유명했던 1980년대 NBA(미 프로농구) 피닉스 선즈의 간판스타 찰스 바클리는 거친 몸싸움을 즐기는 플레이 스타일 만큼이나 사생활도 거친 것으로 알려져 있었다. 술집에서 벌인 난동으로 경찰서를 오가며 벌금을 물었다는 이야기가 언론을 통해 노출된 것만 해도 꽤 여러 번이었기 때문이다. 하지만 그가 선수생활을 마친 뒤 고백한 바에 따르면 그 대부분의 난동들은 '성질을 죽이지 못해서'라기보다는 다소 의도적으로 '성질을 쥐어짜내가며' 벌인 일들이었다고 한다. 그런 거친 이미지를 만들어내면 농구장에서의 플레이를 한결 수월하게 할 수 있다는 것이다. 몸으로써 몸을 막아내야만 하는 농구경기의 수비수가 자신의 앞으로 달려드는 상대 선수의 험한 인상과 뒷소문을 떠올리며 움찔하는 한 순간, 공격수는 쉽사리 한두 걸음을 더 내달리며 골대 가까이로 돌진할 수 있다는 것이 그의 논리이다.

메이저리그 뉴욕 양키스의 전설적인 투수 로저 클레멘스나 1950년대의 명투수 샐 매글리 역시 마찬가지였다. 로저 클레멘스는 자기 팀 선수들과의 청백전 연습경기중이라 할지라도 자신의 공을 때려 홈런을 날린 타자에게는 종종 빈볼을 던져 화풀이를 했던 것으로 유명했다. 심지어 샐 매글리는 '내 할머니라고 해도 타석에 바짝 붙어 선다면 머리를 향해 공을 던지겠다'고 말한 적도 있었다. 이 세상의 어떤 타자라도 자신의 공에 함부로 손을 댄다면 무사하지 못할 것이라는 지독한 이미지를 스스로 만들어낸 것이다. 물론 그들의 공을 상대하며 '어떻게 때려낼 것인가' 하는 고민에 더해 '때려내도 괜찮을까'라는 고민까지 하느라 주춤대는 순간 이미 그들의 강속구는 포수의 미트에 박히곤 했던 것이다.

야구는 몸과 몸이 부대끼는 것을 넘어 공과 몽둥이라는 '연장'까지 개입하는 살벌한 투쟁의 현장이다. 그리고 인간과 인간이 몸으로 마주하는 대결을 지배하는 만고불변의 승부처는 역시 '악'이며 '깡'이다. 그래서 빈볼은 온갖 스포츠정신이니 매너니 하는 허울로 덧칠을 하더라도 결코 완전히 탈색시켜버릴 수 없는 '악과 깡의 맞짱'이라는 본질을 가장 생생하고 노골적으로 드러내 보여주는 순간이다.

투수들 중 아주 예외적으로 '깡'이 센 몇몇 투수들만이 상대 타자의 머리를 향해 작정하고 강속구를 던질 수 있다. 그리고 아주 예외적으로 '악'이 있는 몇몇 타자들만이 공이 귓가를 스쳐간 뒤에도 조금도 물러서거나 흐트러지지 않는 자세로 그 다음 공을 노리며 평소의 몇 배 되는 집중력으로 기어이 안타를 때리고 펄쩍펄쩍 뛰며 투수를 비웃을 줄 안다. 그런 위대한 타자들의 대표격인 테드 윌리엄스는 그래서 감독이 된 뒤 자기 팀 투수들에게 이렇게 충고를 하기도 했다.

"혹시 타이 콥이나 조 디마지오 같은 수준의 타자들을 만난다면 절대 머리를 향해 공을 던지지 마라. 그래봐야 공 한 개만 손해를 볼 뿐이고 괜히 타자의 승부욕에 불을 질러 더 공에 집중하게끔 만들 뿐이니까 말이다."

빈볼은 아주 흉악한 짓거리다. 그래서 의도적인 것으로 판단될 경우 즉시 주심에 의해 퇴장 명령이 내려지고 경우에 따라서는 리그 사무국으로부터 출장정지나 벌금 같은 처분이 내려지게 된다. 물론 처분과 무관하게 그것은 경우에 따라서 사람을 죽일 수도 있는 미친 짓이다. 하지만 어떤 제재수단을 마련하고 어떤 신사협정이 맺어진다 하더라도 아마 빈볼은 사라지지 않을 것이다. 그것이 야구, 아니 스포츠를 발생시키고 이어져 내려오게 만드는 어떤 본능에 뿌리를 박고 있는 현상이기 때문이다.

그라운드 위의 슬픈 사구(死球)

타자의 몸을 맞히는 투구. 한 때 일본식으로 '데드볼'로 널리 불렸으나 90년대 이후 MBC 방송의 허구연 해설위원을 비롯한 많은 이들이 방송을 통해 거듭 되새기고 깨우쳐준 덕분에 '힛바이 피치드볼(Hit by pitched ball)'이라는 영어식 표현으로, 혹은 그냥 '몸에 맞는 공'이라는 우리말로 바뀌는 추세다. 하지만 여전히 '데드볼'처럼 단순하고 똑떨어지게 문장이나 대화 속에 자리를 잡지 못하는 2~3 단어짜리 개념이라는 점에서 내내 어색하고 아쉬운 대목이기도 하다. 그래서 한자를 빌어 '사구'라고 부르기도 하지만 그럴 때는 '볼넷'을 의미하는 사구(四球)와 구별하기 위해 사구(死球)라고 한자표기를 덧붙여주어야 하는 번거로움이 있다. 물론 그냥 '데드볼'이라고 하는 것도 의미상 사구(死球)와 다르지는 않지만, 원래 미국의 야구 초창기에 사용되던, 반발력이 적어서 멀리 날아가지 않던 공을 '데드볼(dead ball)'이라고 불러온 것과 혼동을 일으킬 수도 있다.

　사구의 대부분은 투수의 제구 실패 때문에 나온다. 그리고 극소수는 '빈볼' 같은 기싸움 내지 응징의 과정에서, 또 어느 만큼은 타자의 중심을 뒤쪽으로 밀어내려고 의도적으로 몸 가까이에 붙이는 '위협구'에서 비롯된다.

하지만 어떤 의도나 동기에서 비롯되든, 맞이하는 타자 입장에서는 똑같이 몸을 향해 날아오는 공이다. 맞으면 아프기도 마찬가지고 맞으면 1루까지 진루권이 주어지는 것도 마찬가지다. 그래서 그렇게 자신의 몸을 향해 공이 날아오는 순간 타자가 취해야 할 적극적인 태도는 딱 두 가지다. 일단 피한 다음 아무렇지도 않다는 듯 전과 같은 자리에 전과 같은 밸런스와 평정을 유지하며 다음 공을 노리는 것. 그리고 그냥 맞고 1루까지 걸어가는 것.

80년대의 김인식(MBC 청룡)과 90년대의 공필성(롯데 자이언츠)은 공에 맞는 것을 두려워하지 않았던 대표적인 이들이다. 그들은 몸을 향해 날아오는 공을 절대 피하지 않았고, 맞을 듯 말 듯 애매한 공이다 싶으면 슬쩍 몸을 들이대는 일도 서슴지 않았다. 그들은 1루로 걸어 나간 뒤 도루를 하고 진루를 해서 어떻게든 홈으로 돌아와 점수를 내는 것으로 최고의 복수를 삼았고, 또한 그것으로써 타율이건 장타율이건 그리 화려한 성적을 낼 수 없었던 그들 자신의 고단한 밥값을 대신했다.

그런 '과'의 선수들 중 김인호라는 선수가 선보였던 전설적인 장면이 하나 있었다. 1996년 플레이오프에서 쌍방울 레이더스와 만나 2연패하며 탈락위기에 몰려있던 현대 유니콘스의 3회말 공격. 1사 1, 2루 상황에서 타석의 김인호는 김원형의 손가락에서 빠진 커브볼이 날카로운 곡선을 그리며 자신의 머리를 향해 날아오는 것을 지켜보면서도 눈을 꼭 감고 버텼다. 결국 '땅' 하는 소리와 함께 공은 타자의 헬멧을 때렸고, 김인호는 기다렸다는 듯 1루로 달려나가며 천금의 만루찬스를 만들어내는 데 성공했다. 이른바 김인호의 '헤딩볼 사건'. 물론 그 다음 장면은 자신의 공을 머리로 받아낸 김인호의 엽기행각에 얼이 빠진 채 카운트를 잡으려 가운데로 밋밋하게 던진 김원형의 공을 '초구의 사나이' 윤덕규가 강타해 한국시리즈행 티켓의 행방을 미궁으로 빠뜨린 3타점 3루타였다.

김인식, 공필성, 김인호는 모두 통산타율 2할대 초반을 벗어나지 못했고, 그렇다고 '일발장타'를 가진 것도 아니었던, 왜소한 체구의 범재들이었다. 하지만 그들은 '최소 타박상, 잘못하면 골절상, 최악의 경우에는 뇌진탕'이라는 끔찍한 위험을 감수하며 프로무대에서 버텨나갔고 투수들에게 '가장 상대하기 싫은 타자'로 꼽히는 영예까지 얻을 수 있었다.

80년대 타자들 중 세 손가락 안에 꼽힐 '전설'인 김성한은 은퇴한 뒤 이런 말을 남겼다. "몸쪽 공이 두렵다고 느껴지는 순간, 은퇴할 때가 되었음을 깨달았다."

흔히 직장에서 잘리는 것을 '모가지'라고 표현하지만, 그것이 정말 '참수형'과 나란히 놓일 만큼 처참한 것일 수는 없다. 야구장 안에서도 숱한 위기와 좌절의 순간들이 이어지며 선수들과 팬들을 울고 웃게 하지만, 그것들 역시 현실 속의 어떤 것들을 은유할 뿐이다.

하지만 사구는, 날것 그대로의 생생한 통증과 두려움으로써 그라운드 안과 밖을 연결한다. 타석에서 그냥 삼진을 당하고 물러나는 것이 저 무시무시한 강속구 앞에 몸을 던지는 것보다도 더 쓰리고 두려운 일이라는 점을, 그리고 그들이 달리고 구르는 저 그라운드가 내가 먹고 살기 위해 굽실거리고 진땀을 빼는 현실의 이편만큼이나 고되고 숨 가쁜 곳이라는 점을, 웅변하면서 말이다.

사이영상과 사와무라상 그리고…

미국 메이저리그의 양대 리그에서 해마다 최고의 투수 한 명씩을 선정해 시상하는 것이 '사이상'이다. 마찬가지로 일본 프로야구에서 해마다 최고의 투수 한 사람에게 시상하는 상의 이름은 '사와무라 상'이다. 각기 미국과 일본 프로야구 초창기에 뛰었던 전설적인 투수의 이름에서 따온 것이다.

사이 영은 1890년에 데뷔해 1911년까지 뛰면서, 지금까지도 역대 최다승 기록으로 남아 있는 통산 511승을 올렸다. 실제 이름은 덴튼 트루 영이었지만 공이 워낙 빨라 '사이클론이 몰아치는 것 같다'고 해서 '사이영'이라는 애칭을 얻었다. 사이영상은 1956년에 제정되었는데, 처음에는 미국 프로야구 전체에서 단 한 명만 선정해 시상했지만 1967년부터는 각 리그에서 한 명씩, 모두 두 명을 선정해서 시상하는 것으로 바뀌었다. 미국야구기자협회의 투표로 수상자를 결정하는데, 첫 수상자는 1956년에 27승을 올린 돈 뉴컴(LA 다저스)이었고, 최다수상자는 로저 클레멘스(보스턴, 토론토, 뉴욕, 휴스턴에서 총

7회 수상)였다. 랜디 존슨은 5회, 스티브 칼튼과 그레그 매덕스는 4회 수상자이다.

사와무라는 일본 프로야구 출범 직전인 1934년, 18세의 어린 나이에 미국 메이저리그 선발팀의 순회경기에 나서 베이브루스와 루게릭을 연속삼진으로 잡으며 국민적 영웅으로 떠올랐던 인물이며, 그 사건을 통해 일본 프로야구 출범의 계기를 마련한 선수였다. 고등학교를 중퇴하던 1934년 겨울에는 오늘날 요미우리 자이언츠의 모태가 되는 '대일본동경야구클럽'의 멤버로서 일본 프로야구의 창립멤버가 된 뒤 세 차례나 노히트노런을 기록하며 초창기 일본 프로야구 홍행의 주역이 되기도 했다. 하지만 통산성적은 63승에 불과한데, 전쟁 중에 총상을 입은 데다 수류탄을 던지다가 어깨까지 다치면서 투수로서의 효용을 잃게 되자 1944년 팀으로부터 '해고'를 당했기 때문이다.

그 뒤 그는 1944년 세 번째로 나섰던 전장에서 결국 잠수함 공격을 받아 전사했고, 전쟁이 끝난 1947년 일본 프로야구 최초의 영구결번 선수로 지정된 데 이어 해마다 최고의 투수를 가려 시상하는 상의 이름으로 선정되었다. 1989년까지는 센트럴리그의 투수들에게만 시상되었지만 1990년부터 퍼시픽리그 투수들까지 포함해 시상하고 있다.

재일교포이며 일본프로야구 역대 최다승투수인 가네다 마사이치(한국이름 김정일)를 비롯한 네 명의 투수가 통산 네 차례로 최다수상자로 이름을 올렸으며, 최근에는 '아시아 최고의 구위'를 가진 것으로 알려진 이란계 일본인 투수 다르빗슈 유가 2007년과 2008년에 연속 수상했다.

30여 년의 역사를 가지게 된 한국 프로야구에서도 사이영상과 사와무라상에 필적하는 투수상을 제정할 필요성이 제기되고 있다. 그럴 경우에 이름을 붙일 만한 후보로는 송진우, 선동열, 박철순 등이 꼽히곤 하는데, '역대 최고의 통산기록'을 가진 투수의 이름을 딴 사이영상의 작명법을 따른다면 송진우(통산 210승, 3003이닝 투구)가, '프로야구의 탄생과 역사를 떠올리게 하는 드라마'를 깃들게 한 사와무라상의 작명법을 따른다면 박철순(프로원년 24승 투수이며, 여러 차

사와무라 에이지 : 1944년 세 번째로 나섰던 전장에서 결국 잠수함 공격을 받아 전사했고, 전쟁이 끝난 1947년 일본 프로야구 최초의 영구결번 선수로 지정되었다.

례 치명적인 부상과 질병을 딛고 재기하며 '최고령'에 관한 각종기록들을 갱신해나갔음)이 힘을 얻고 있다. 물론 '당대에 리그를 지배했던 압도적인 능력'을 기준으로 따졌을 때 역사상 최고 수준의 투수였다는 점에 이론의 여지가 없을 선동열 역시 영원한 후보 중의 한 사람이다.

타자들의 진귀한 기념품, 사이클링히트

한 명의 타자가 한 경기에서 단타, 2루타, 3루타, 홈런을 모두 쳐내는 것을 말한다. 물론 한 경기에 홈런 서너 방을 때려내는 것보다 더 대단한 업적이라고 볼 수는 없지만, 흔히 보기 어려운 일이기 때문에 관심을 받는 기록이다.

한국과 일본에서는 '사이클링 히트'라고 표현하지만 미국에서는 '히트 포 더 사이클(Hit For The Cycle)'이라고 부르거나, 혹은 '올마이티 히트(Almighty Hit)' '해트 트릭(Hat Trick)'이라고도 한다.

우리나라에서는 1982년 6월 12일 삼미 슈퍼스타즈와의 경기에서 삼성 라이온즈의 오대석이 처음으로 기록한 이래 2009년 4월 11일 (LG전) 두산의 이종욱까지 모두 14번 기록되었다. 양준혁은 1996년 과 2003년에 두 번 기록하기도 했다.

아깝게 사이클링히트를 놓친 경우로는 3루타가 필요한 상황에서 홈런을 날린 1995년 LG의 조현, 2010년 넥센의 유한준, 혹은 8시즌 통산 3개뿐인 3루타까지 쳐놓고도 2루타 한 개가 부족해 놓친 2010

년 두산의 최준석 등이 있다.

　1988년 10월 25일에는 실업야구 한국화장품에서 뛰던 강기웅이 제일은행과의 경기에서 사이클링히트에 3루타 하나만을 남겨놓은 상황에서 홈런을 때리고도 고의적으로 홈 베이스를 밟지 않는 '고의적인 누의공과'를 저지른 적이 있었다. 홈런을 치더라도 홈 베이스를 밟지 않으면 아웃이 되며, 그 전에 정상적으로 밟은 마지막 루인 3루까지의 진루만 기록으로 인정된다는 규정의 허점을 노린 것이었다. 하지만 이미 승부가 기울어 있는 상태에서 상대 간판타자의 괘씸한 기록 만들기까지 도와줄 수 없다고 생각한 제일은행 코칭스태프는 누의공과를 항의하지 않았고, 심판 역시 모른 체해버림으로써 강기웅은 원치 않는 홈런기록만 하나 추가한 채 사이클링히트 기록 만들기에 실패하고 말았다.

　사이클링 히트는 업적으로서의 의미보다는 '기념품'으로서의 의미가 더 큰 기록이라고 할 수 있다. 물론 장타력과 정확성, 스피드까지 겸비한 타자들만이 얻을 수 있는 훈장이긴 하지만, 동시에 실력보다도 더 큰 운이 따라야만 완성될 수 있는 간판이기 때문이다. 따라서 사이클링 히트 기록 만들기에 너무 집착하는 모습은 종종 팀워크를 해치는 이기적인 행위로 간주되기도 한다.

　그리고 사실상 강기웅의 '고의 누의공과' 같은 두드러진 사례들 말고도 지금까지 달성된 사이클링히트 기록 중 몇몇은 '3루타 치고 2루에서 멈추기'나 '2루타성 타구임에도 불구하고 위험을 무릅쓰고 3루까지 질주하기' 같은 소소한 노력의 에피소드들을 품고 있다. 사이클링 히트 기록이 지나치게 강조되어서는 안 되는 이유다.

역대 사이클링 히트

선수	일자	상대팀
오대석(삼성)	1982년 6월 12일	삼미
이강돈(빙그레)	1987년 8월 27일	OB
정구선(롯데)	1987년 8월 31일	청보
강석천(빙그레)	1990년 8월 4일	태평양
임형석(OB)	1992년 8월 23일	롯데
서용빈(LG)	1994년 4월 16일	롯데
김응국(롯데)	1996년 4월 14일	한화
양준혁(삼성)	1996년 8월 23일	현대
매니 마르티네스(삼성)	2001년 5월 26일	해태
전준호(현대)	2001년 7월 6일	삼성
양준혁(삼성)	2003년 4월 15일	현대
신종길(한화)	2004년 9월 21일	두산
안치용(LG)	2008년 6월 26일	삼성
이종욱(두산)	2009년 4월 11일	LG

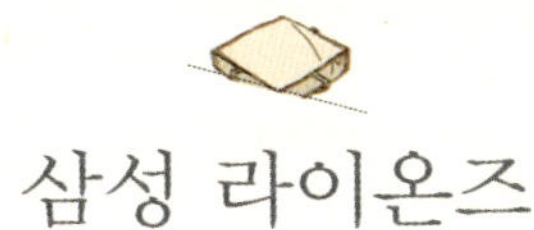

삼성 라이온즈

한국 프로야구에서 가장 많은 우승을 기록했던 팀은 해태 타이거즈였다. 하지만 '객관적 수치'만으로 따져서 비교해본다면 통산전력이 가장 강했던 팀은 바로 삼성 라이온즈였다.

원년 24승 투수 박철순에 이어 나란히 다승 2위에 올랐던 15승 트리오인 이선희-황규봉-권영호로 출발해 1985년의 '25승 원투펀치' 김시진과 김일융을 거쳐 김성길, 김상엽, 박충식, 배영수 등 에이스급 투수들도 많이 보유했지만 그보다도 삼성 라이온즈를 특징짓는 것은 무시무시한 방망이의 힘이었다. 최초의 타격 트리플크라운 주인공이었던 이만수와 여전히 통산타율 1위를 지키고 있는 타격의 달인 장효조를 비롯해 김성래, 양준혁, 이승엽 등이 라이온즈의 중심타선을 지켜왔고 그 중 무려 11명의 홈런왕과 9명의 타격왕을 배출해온 것이 삼성 타선이었던 것이다.

하지만 두 가지 점에서 팬들의 안타까움이 있다. 그 강함에 비해 너무, 지나치게, 잔인하게 많았던 준우승 횟수(무려 8회). 그리고 너무, 지나치게, 잔인하게 많았던 프랜차이즈 스타들과의 피눈물 나는 이별들이 바로 그것이다. 팀 역사상 팬들로부터 가장 많은 사랑을 받아왔다고 할 수 있는 이만수가 여전히 길고 긴 타향살이를 이어가고 있는 것을 비롯해, 팀 소속으로 홈런왕, 타격왕, 다승왕에 올랐던 이들 중 아무도 그 팀의 지도자 자리에 오르지 못하고 있다는 점이 그렇고, '가장 비극적인 저니맨'들로 손꼽힐 최익성, 동봉철, 이동수 등이 모두 삼성에서 선수 인생을 시작한 이들이었다는 것도 무관하지 않은 이야기다.

삼 · 청 · 태

삼미 슈퍼스타즈(1982~1985), 청보 핀토스(1985~1987), 태평양 돌핀스(1988~1995). 인천을 연고지로 했던 역사 속의 세 팀을 묶어 한꺼번에 부르는 이름이다. 그 세 팀의 뒤를 이어 현대 유니콘스와 SK 와이번스가 드나들었기 때문에 인천은 30여 년의 프로야구 역사에서 무려 다섯 개의 프로야구팀이 자리바꿈을 했던 사연 많은 도시가 되고 말았다.

삼미 슈퍼스타즈는 프로 원년인 1982년에 .188이라는 아직도 깨지지 않고 있는 역대 최악의 승률을 만들어냈고 1985년에 다시 역대 최다연패인 18연패 신기록을 세우면서 꼴찌의 대명사로 자리를 잡았다. 그리고 그 팀을 인수한 청보 역시 86년 개막 후 7연패, 87년 홈구장 14연패 등의 기록을 남기며 전통을 이었다.

세 번째 주자였던 태평양 역시 8년 사이에 두 번의 꼴찌를 비롯해 대부분 하위권을 맴돈 '동네북'이기는 마찬가지였다. 하지만 1989년에는 인천팀 역사상 처음으로 포스트시즌에 진출해 플레이오프까지 올라서는 신기원을 연 데 이어 1994년에는 한국시리즈 무대마저 밟으며 인천야구의 봄을 불러온 주인공이었다. 1만 명 남짓 들어서면 만원이던 인천 도원야구장에서 1994년 태평양 돌핀스가 불러 모았던 47만여 명의 최다관중 수는 홈구장이 3만석이 넘는 문학 야구장으로 옮겨지고도 6년이 지나도록 깨지지 않았다. 다섯 번째 인천 연고팀인 SK 와이번스가 창단 후 첫 우승에 성공했던 2007년에야 비로소 인천 사상 최다관중 기록을 깼던 것이다.

지금까지 인천을 거쳐간 다섯 팀 중에서도 삼미, 청보, 태평양의 세 팀만을 묶어서 '삼청태'라 부르는 것은 소문난 약체팀이었고, 길게 버티지 못한 채 프로야구 사업을 넘기고 사라진 것 등 비슷한 점이 많기 때문이기도 하지만, 결정적으로는 최근 그 세 팀의 전통을 놓고 야구팬들 사이에 벌어졌던 '인천야구 역사논쟁' 때문이었다.

'인천야구 역사논쟁'이란 인천야구사의 다른 이름이라고도 할 수 있는 '삼청태'의 후계자가 과연 SK 와이번스인가 아니면 해체된 현대 유니콘스의 선수들을 물려받은 히어로즈인가를 둘러싸고 벌어졌던 논쟁을 말한다. 그리고 그 논쟁은 현재 인천을 연고지로 하고 있는 SK 와이번스가 2007년의 '삼미데이'에 이어 2008년에는 '태평양데이'를 정해 선수들이 옛 삼미와 태평양 유니폼을 입은 채 경기를 치르면서 시작되었다.

2000년 당시에 IMF 와중에 모기업이 파산하면서 해체된 전북 연고의 쌍방울 레이더스 선수들을 모체로 삼아 팀을 창단한 SK 와이번스는 그 무렵 서울 시장으로의 진입을 시도하던 현대 유니콘스로부터 인천의 연고권을 매입하고 다섯 번째로 들어선 인천지역의 프로야구팀이 되었다. 하지만 인천지역 출신 선수들, 그리고 인천야구의 희로애락을 함께 했던 수많은 선수들이 포함되어 있는 팀과 새로이 인천연고팀임을 주장하는 팀 사이에 놓이게 된 인천팬들은 쉽사리 마음을 열지 않았고, SK 와이번스는 인천 팬들의 마음속으로 자리잡기 위한 여러 노력을 시도하던 과정에서 '삼미데이'와 '태평양데이'를 기획했던 것이다.

반면 1996년에 태평양 돌핀스를 인수해 인천을 연고로 프로야구에 뛰어들었던 현대 유니콘스는 한국을 대표하는 명문팀이 되겠다는 포부를 안고 서울시장 진입을 외치며 2000년에 인천의 연고권을 SK에 넘긴 채 떠났지만, 공교롭게도 그 무렵부터 시작된 모기업의 자금난 와중에 서울 진입에 실패한 채 떠돌다가 2007년 시즌을 마지막으로 해체되고 말았다. 그리고 그 남겨진 선수들을 이어받아 창단한 팀이 히어로즈였다.

그런데 SK 와이번스가 하필 히어로즈와의 맞대결이 펼쳐진 2008년 5월 4일에 '태평양데이' 행사를 강행하자 현대에 이어 히어로즈를 응원하고 있는 팬들, 그리고 몇몇 칼럼니스트들이 '중국의 고대사 탈취행위인 동북공정과 다를 바 없다'며 비판하고 나섰고, SK를 응원하던 인천 팬들이 '삼청태에 대한 그리움은 그 기업에 대한 것이 아니라 그 시절의 인천 야구를 향한 것이며, 지금의 인천팀은 SK'라는 논리로 맞불을 놓았다.

요약하자면, 삼미와 태평양의 전통은 삼미-청보-태평양-현대라는 기업간의 인수인계 과정으로 이어진 것인가, 아니면 삼미-청보-태평양-SK라는 연고지의 인수인계 과정으로 이어진 것인가. 그리고 실제로 태평양과 인천 시절의 현대에서 인천 시민들의 환호 속에서 뛰었던 정민태, 이숭용, 김수경 같은 선수가 품고 있는 것인가, 아니면 새로이 인천야구의 전성기를 열어준 박경완, 이호준, 이진영 같은 이들에게 있는 것인가 하는 쟁점이었다.

지금에서야 이미 '삼청태'를 인수한 기업으로서의 계승자인 현대 유니콘스마저 해체되고 재창단 형식으로 서울팀 히어로즈로 다시 태어났기에 '법리적인' 결론을 요구할 일도, 맺어질 가능성도 없는 논쟁이었다. 하지만 분명한 것은, 아무도 후계자를 자처하지 않는 쌍방울 레이더스를 기억하며 10여 년 째 방치된 전북의 야구팬들에게는 그 논쟁의 대상이 되고 있는 '삼청태'가 그저 한없는 부러움의 대상일 뿐이라는 사실이다.

홈런에 맞서는 투수의 반전, 삼진

경기 종료 5분을 남겨놓고 다섯 골 쯤 뒤지고 있다면, 죽었다 깨나는 재주가 있어도 이길 수 없는 것이 축구다. 하지만 9회 말 마지막 공격을 남겨두고 10점 쯤 뒤지고 있다고 해도 포기하기에는 이른 것이 야구다. 각각이 은유하는 삶의 구석이 있고 전해주는 재미와 감동이 있는 것이기에 섣불리 비교해 야구가 낫네 축구가 낫네 하는 것은 어리석다. 그러나 그런 '한 방'의 매력 때문에 야구에 빠져드는 이들이 있는 것도 사실이다. 그리고 그들은 종종 야구가 재미있는 것은 홈런 때문이라고 말한다.

하지만 뒤집어 생각해보면, 홈런만큼 야구를 재미있게 하는 것이 삼진이다. 홈런이 서너 점의 차이쯤 단숨에 뒤집어버리는 박진감을 선사한다면, 삼진은 곧 수십 점이라도 쏟아질 듯한 무사 만루의 흥분을 순식간에 얼려버리며 실점을 하지 않을 수 있다는 반전의 짜릿함을 맛보게 한다. 삼진은 안타와 홈런 같은 타자들의 폭주를 투수라는 단 한 사람만의 힘으로 한 순간에 냉각시키는 신비로운 마력을 가지고 있기 때문이다.

1930년대 미국 니그로리그의 전설적인 스타 사첼 페이지는 이따금 야수들을 모두 내야로 불러들이거나, 혹은 제자리에 앉아서 구경이나 하도록 한 채로 공을 던졌다고 한다. 그리고 그 상태에서 차곡차곡 스물일곱 개의 삼진을 잡아내며 퍼펙트게임을 달성하기도 했다고 한다. 물론 기록이 남아 있는 것도 아니고, 증언해줄 사람들이 있는 것도 아니다. 어쩌면 어느 전설적인 주먹꾼이 상대 어깨를 딛고 날아올라 발바닥으로 따귀를 세 번 갈기고 내려앉더라는 말과 비슷한, 말 그대로의 '전설'일 것이다.

하지만 그 전설에서 읽어낼 수 있는 분명한 사실은 사첼 페이지가 어찌 되었든 참 대단한 투수였을 거라는 점, 그리고 삼진에는 아주 오랜 세월 상상 속에서마저 야구팬들을 흥분시켜온 짜릿한 무언가가 있다는 점이다. 베이브 루스가 어느 날 홈런을 날리기 전에 했던 묘한 손짓이 야구사가 이어지는 동안 절대 끝나지 않는 논란이며 전설이 된 것과 똑같이 말이다.

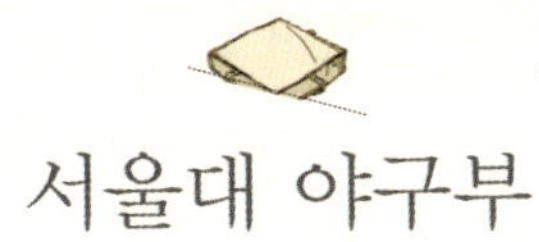

서울대 야구부

서울대 야구부는 1977년 창단된 이래 2004년 8월까지 공식경기 199연패를 기록하면서도 야유와 비웃음보다는 격려와 애정 어린 관심의 대상이었다. TV 공익광고 모델로 등장하기도 했을 정도였는데, 아마도 그것은 중고등학생 시절부터 수업에도 참가하지 못한 채 '운동기계'로 길들여지는 대한민국의 학생체육계를 비추어 반성하게 하는 순수한 아마추어리즘의 상징이라는 점, 199번이나 지고 또 지면서도 좌절하거나 포기하지 않는 도전정신의 화신이라는 점, 그리고 우리 사회가 사람의 등급을 나누는 훨씬 중요한 기준으로 간주하는 공부로써 이미 가치를 입증한 부러움의 대상인 서울대생들이라는 점 때문이었을 것이다.

어쨌든 서울대 야구부는 2004년 9월 1일, 전국대학야구춘계리그 예선 B조 경기에서 송원대를 2대 0으로 누르고 창단 이래 감격적인 첫 승을 기록했다. 연패행진은 200에 하나 모자란 199라는 극적인 지점에서 멈추었고, 전국의 매스컴은 또다시 이 불굴의 도전정신이 낳은 또 하나의 기적을 조명하느라 열을 올렸다. 당연히 서울대 야구부 졸업생들이 줄줄이 인터뷰 섭외전화를 받는 일이 벌어졌다.

그렇다면 이 '아름다운 아마추어들에게마저 깨진' 송원대는 어떻게 된 팀일까? 전남 광주에 있는 송원대는 2년제 대학으로, 2004년에 야구부를 창단했다. 끌어줄 선배도, 특별한 기술적 발전을 약속할 만한 시스템도 없고, 글러브를 벗은 뒤의 세상살이에 도움이 될 법한 '4년제 대학 졸업장'을 줄 수도 없는 신생팀. 말하자면 고등학교를 졸업하는 야구 선수들에게 전혀 매력이 없는 학교다. 그래서 프로입단과 대학진학에 실패한 낙오자들이 마지막 선택으로 모여들어 팀을 만들고 첫 해에 출전했던 대회에서 서울대학교에 첫 승을 선사하는, 그래서 역설적인 방식으로 세상에 이름을 알리는 안타까운 역할을 맡아야 했다.

어쨌든 2004년 9월 1일, 그 운명의 경기 이후 서울대는 다시 연패의 행진을 이어가고 있고, 송원대 역시 이기는 날보다는 지는 날이 훨씬 많은 세월을 이어가고 있다. 서울대 야구부 졸업생들 몇몇이 프로구단의 선택을 기다려봤지만 아직 성과를 얻지 못했고, 송원대 야구부 역시 아직 프로선수로서 야구장에 등장한 졸업생을 배출하지 못하고 있다(2006년과 2008년, 송원대 졸업생 한 명씩이 하위라운드에서 두산과 현대의 지명을 받았지만, 단 한 경기도 뛰지 못한 채 그 해 연말에 옷을 벗어야 했다).

패배를 통해 스스로에 대한 사랑이라든가, 더 열심히 노력해야 할 이유와 방법 같은 정말 소중한 것들을 더 단단히 붙들 수 있다면, 그리고 그만 버려야 할 나쁜 것들을 가려낼 수 있다면 그것은 감히 승리보다도 값지다거나 아름답다고 표현할 만한 것이다. 서울대 야구부가 대를 이어가며 지겹게 패배하면서도 1승에 대한 도전의 엄숙함을 저버리지 않은 것은 그런 점에서 분명 아름다운 장면이다. 다만 혹시라도 그 아름다움의 이유를 '서울대'라는 이름에서 찾는 이들이 더 많다면, 그것은 오히려 그리 아름답지 못한 풍경이었는지도 모르겠다.

최후의 보루들의 명암, 세이브와 블론세이브

선발투수의 영광이 '승리투수'로 보상 받는다면, 구원투수의 목표는 '세이브 투수', 즉 승리를 지켜낸 투수가 되는 것이다.

한국야구위원회 규정집에는 '자기 팀이 3점 이하의 점수차로 이기고 있는 상황에서 1회 이상을 던지거나, 점수차에 상관없이 3회 이상을 던지면서 동점이나 역전을 허용하지 않고 승리를 지켜내는 투수, 혹은 루상에 나가 있는 주자와 상대하는 타자, 그리고 그 다음 타자까지 득점하면 동점이 되는 상황에서 등판해 승리를 지켜내는 투수에게 세이브 기록이 주어진다'고 규정되어 있다. '이기고 있는 경기를 맡아서 지켜낸다'는 대전제 외에도 '너무 큰 점수차로 이기고 있는 경기를 지켜내는 것은 별 칭찬거리가 되지 못한다'는 점을 고려한 제한사항들이다(세이브 요건이 충족되는 상황에 나와서 동점, 혹은 역전을 허용하며 세이브 기회를 날리는 것은 '블론 세이브(blown save)'라고 한다. 말 그대로 세이브를 '날려버린다'는 뜻이다).

대략 150년이 넘는 야구의 역사에 비추어본다면 세이브를 기록하기 시작한 것은 얼마 되지 않았다. 미국에서는 1969년, 일본은 1974년, 한국은 프로야구가 시작된 1982년부터 세이브를 공식적으로 기록하기 시작했는데, 구원투수들의 능력과 기여도는 승-패로 측정되기 어렵다는 문제의식 때문이었다. 그리고 선발투수가 무조건 한 경기를 책임지는 것을 당연하게 여기던 시절과, 능력 있는 투수가 자신의 경기를 완투한 다음에도 동료가 난타당하며 고생하는 경기에 끼어들어 '한 손 돕는' 것이 자연스럽던 시절을 지나, 한 팀의 투수들 사이에 일정한 역할분담을 함으로써 더 확고한 승리를 도모할 수 있음을 깨닫기 시작한 시기가 대략 그 무렵이었기 때문이다.

최근에는 점점 더 경기 후반 마무리의 중요성이 강조되고 있고, 따라서 마무리투수의 몸값도 오르는 동시에 마무리투수의 몸에 대한 관리의 필요성도 더 높이 인식되고 있다. 따라서 승기를 잡았다 싶은 순간부터 몇 회든 경기의 후반부를 책임지는 것으로 생각했던 마무리투수의 역할 또한 '1회 이내'로 한정하는 경향이 생겨나고 있다.

한국의 기준으로 보자면 1983년 OB 베어스에서 단 두 번만 선발 등판을 하고 나머지 37경기를 구원으로 등판해 32번 경기를 끝내며 14세이브를 올린 황태환 투수가 최초의 마무리투수라고 볼 수 있으며, '세이브 상황에만 등판하는' 현대적인 개념의 마무리투수로는 이듬해인 1984년 같은 팀에서 활약하며 25세이브를 올린 윤석환 투수와 1985년 삼성 라이온즈에서 26세이브를 올린 권영호 투수를 시초로 볼 수 있다. 하지만 마무리투수의 위상을 선발투수와 나란히 놓을 정도로까지 올려놓은 인물은 1986년부터 1999년까지 MBC청룡과

LG 트윈스에서 붙박이 마무리로 활약하며 지금까지도 통산 최다기록인 227세이브를 올린 김용수를 꼽을 수 있다. 그는 빠른 공과 정교한 제구력, 그리고 침착한 성격을 겸비해 마무리투수의 교과서적인 상을 정립한 인물이기도 하다.

김용수 이후 한국 마무리투수의 계보는 정명원(태평양-현대), 진필중(두산), 이상훈(LG), 임창용(삼성-야쿠르트), 정대현(SK), 오승환(삼성), 유동훈(기아) 등으로 이어지고 있다. 정명원, 진필중, 이상훈, 오승환 등이 그랬던 것처럼, 1이닝 정도는 빠른 직구로 압도할 수 있는 투수들이 마무리투수로 선택받는 경향이 많았지만 최근에는 정대현과 유동훈처럼 공은 느리지만 정교한 제구력과 완숙한 변화구, 그리고 노련한 두뇌플레이로 타선의 예봉을 무력화시키는 유형의 마무리투수들도 등장하고 있다.

스위치히터 VS 스위치피처

필요에 따라 왼손과 오른손 타석에 모두 들어설 수 있는 타자를 말한다. 스위치히터(switch hitter)가 나타나는 이유는 '오른손 투수의 공은 왼손 타자가, 왼손 투수의 공은 오른손 타자가 유리하다'는 상식화된 전제 때문이다. 공을 던지는 투수의 팔은 바깥쪽에서 안쪽으로 휘둘러질 수밖에 없기 때문에 팔꿈치를 반대로 틀어서 던지는 역회전 공(스크루볼) 같은 특이한 변화구를 제외하면 모든 공은 투수의 팔 쪽에서 몸통 쪽으로 휘는 궤적을 갖게 된다. 따라서 오른손 투수가 던지는 공은 왼손 타자에게는 바깥쪽에서 안쪽으로 점점 가까워지는 것처럼 느껴지는 반면 오른손 타자에게는 조금씩 멀어져가는 느낌이 된다. 그리고 '같은 손 투수'가 사이드암 유형의 투구 폼으로 각도가 큰 슬라이더를 던지는 극단적인 경우를 상상해본다면 타자의 등 뒤쪽에서부터 휘면서 스트라이크 존 반대 쪽 끝을 스치고 바깥쪽으로 흘러나가는 끔찍한 공이 될 수도 있다. 그래서 투수코치들은 불펜에 왼손, 오른손 투수들을 여러 명 준비시키면서 경기의 결정적인 고비

타석에서 바라본 투구의 일반적 궤적

에서 왼손, 오른손 타자에 맞는 족집게식 처방으로 원포인트 릴리프를 내보내기도 한다.

하지만 한 명의 타자가 상황에 따라 왼손 타석과 오른손 타석에 모두 들어설 수 있다면 상황은 달라진다. 수비 팀이 그에 맞게 대응하는 것이 불가능할 뿐 아니라, 어떤 투수를 내보내더라도 앞서 설명한 '유형에 따른 주도권'은 타자가 쥐게 되기 때문이다.

양손잡이라고 해도 사람은 대부분 더 강한 힘을 가진 팔을 가지고 있기 마련이다. 따라서 대부분 스위치히터란 오른손 타자가 왼손 타석에서도 공을 칠 수 있도록 훈련을 해서 도달하는 하나의 경지다. 왼손 타석은 오른 손 타석에 비해 1루와의 거리가 한 걸음 반 쯤 더 가깝기 때문에 내야안타의 가능성도 더 높아지며, 1루 주자를 향한 포수의 시야를 가릴 수 있어 작전수행에도 더 유리하기 때문이다. 반면 원래 왼손잡이였던 선수라면 굳이 오른손 타석에까지 서기 위해 노력할 유인이 비교적 적다.

세계 야구사를 통틀어 가장 뛰어났던 스위치히터로는 1950년대와 60년대 미국 메이저리그 뉴욕 양키스에서 활약했던 미키 맨틀이 꼽힌다. 미키 맨틀은 통산 타율이 .298일 만큼의 정교함과 통산홈런 536개를 기록했을 만큼의 파워, 그리고 월드시리즈에서만 최다 기록인 18개의 홈런을 날렸을 만큼의 결정력을 두루 갖춘 최고의 타자이기도 했는데, 그에 더해 좌우타석에서 모두 170미터 안팎의 엄청난 비거리를 여러 차례 기록할 정도의 다재다능함까지 가지고 있었다.

한국에서는 장원진(두산)과 박종호(LG, 현대, 삼성)가 좌우 양쪽에

미키 맨틀 : 세계 야구사를 통틀어 가장 뛰어났던 스위치히터로는 1950년대와 60년대 미국 메이저리그 뉴욕 양키스에서 활약했던 미키 맨틀이 꼽힌다.

서 모두 정교한 타격과 파워를 선보인, 가장 완성도 높은 스위치히터였다고 평가받는 가운데 외국인 선수인 펠릭스 호세가 언제라도 좌우 양쪽 타석에서 번갈아 홈런을 터뜨릴 수 있는 '한 차원 높은' 스위치히터의 모습을 선보이기도 했다. 하지만 최근에는 젊은 선수들이 스위치히터보다는 '우투좌타'를 지향하는 경우가 더 많다. '우투좌타'란 말 그대로 '타격은 왼손으로만, 수비는 오른손으로만' 하는 유형의 선수를 말하는데, 상황 대처능력보다는 완성도를 높이기 위한 선택인 것이다. 2008년 타격왕에 오른 바 있는 한국의 김현수, 그리고 미국 메이저리그에서 최고의 타자이자 최고의 포수로 각광받고 있는 조 마우어 등이 대표적인 '우투좌타'들이다.

한 편 미국에서는 스위치히터와 대등하게 맞설 수 있는 '스위치피처'가 등장하기도 했는데, 뉴욕 양키스 산하 마이너리그 팀에 소속되어 있는 팻 벤디트가 주인공이다. 팻 벤디트는 2008년 싱글 A 경기에서 랄프 헨리케스라는 스위치타자와 맞상대하며 서로 글러브를 낀 손과 타석을 무수히 바꾸며 신경전을 벌이며 화제를 모았다. 투수가 왼손에 글러브를 끼고 오른손으로 던질 준비를 하면 타자는 왼손 타석으로 옮겼고, 그러면 반대로 투수가 글러브를 바꾸어 끼고, 또 그러면 타자가 오른손 타석으로 옮겨 서는 식이었다. 어쨌든 그 사건 이후 미국에서는 '스위치피처와 스위치히터가 만났을 경우, 투수가 먼저 어느 손으로 던질 것인지 정해서 표시해야 하고, 투수와 타자 모두 그 타석에 한해서는 손을 바꾸어 쓸 수 없다'는 새로운 규정이 정해지기도 했다. 팻 벤디트는 2010년 3월 31일, 시범경기이긴 했지만 메이저리그에 첫 선을 보였고 그 경기에서 1.1이닝 동안 2안타 1실점을 기록했다.

스토브리그와 스프링캠프

축구에 비하면, 야구는 환경적인 제약을 많이 받는 운동이다. 축구가 '달리고, 차는' 대근육 중심의 단순한 동작으로 이루어진 것과 달리 야구는 손가락, 손목, 팔꿈치, 어깨, 무릎, 허리, 목 같은 미세한 부분들의 관절과 근육들을 주로 활용하는 데다 단단한 공과 배트라는 위험한 장비까지 사용하기 때문이다. 따라서 전체적인 에너지 소모가 많은 축구는 일주일에 한 경기 정도를 소화할 수 있을 뿐인 반면 온도나 날씨 때문에 제약을 받는 경우는 많지 않다. 하지만 야구는 일주일에 여섯 경기를 꼬박꼬박 소화할 수 있을 만큼 체력의 소모는 많지 않지만 미세한 근육과 신경의 움직임을 둔화시키는 추운 날씨, 혹은 눈이나 비 같은 기상상황에서는 경기나 훈련을 진행할 수 없다.

따라서 프로야구는 이른 봄부터 시작해 늦은 가을까지 계속되지만, 겨울 동안만큼은 아무 것도 할 수 없는 상황에 놓이게 된다. 바로 이 겨울 동안 야구 선수들이 할 수 있는 일은 '난롯가에 모여 각자의 처지에 대한 고민을 나누거나 협상을 벌이는 것'과 '날씨가 따뜻한 곳을 찾아가서 훈련을 하는 것'이다. 전자를 스토브리그, 후자를 스프링 캠프라고 부른다.

오늘날 스토브리그란 흔히 구단이 다음 시즌을 대비해 전력을 보강하고 선수단 분위기를 만들어가는 기간이라는 뜻으로 사용된다. 즉, 선수들과 연봉협상을 벌이거나 신인선수를 영입하고 노쇠한 선수들을 방출하는 기간인 것이다. 프로야구에서 선수들을 분발하게 하는 가장 기본적인 동력은 '돈'이라는 점에서 성공적인 연봉협상과 논공행상은 다음 시즌의 성적을 위해 반드시 필요한 부분이기 때문이다.

스토브리그의 실패 때문에 전력의 급격한 저하를 경험한 대표적인 팀으로 1983년 한국시리즈의 파트너였던 MBC청룡과 해태 타이거즈가 꼽힌다. 1983년 청룡은 후기리그에서 우승했지만 구단이 미리 약속했던 성과급을 한국시리즈 이후로 미루면서 선수단의 분위기를 흐트러뜨려 결국 한국시리즈에서 1무 4패로 패퇴했고 이듬해에도 하위권으로 처질 수밖에 없는 원인이 되었다. 그리고 그 해 한국시리즈에서 청룡을 4승 1무로 일축하며 창단 후 첫 우승을 이루어냈던 해태 타이거즈 역시 구단의 선수단 처우개선과 훈련시설 확충 약속이 무산되자 선수들이 구단주가 베푼 불고기 회식에서 한 점도 손을 대지 않고 태워버리는 '불고기 화형식'으로 저항하는 흉흉한 분위기 속에 이듬해 5위로 수직추락했다.

한편 스프링캠프는 1870년 겨울, 미국 프로야구 시카고 화이트스타킹스(현 화이트삭스)와 신시내티 레드스타킹스(현 신시내티 레즈)가 뉴올리언스나 플로리다 같은 따뜻한 지역에 모여 훈련을 하면서 시작되었다. 이후 다른 팀들도 두 팀처럼 비슷한 지역으로 내려와 겨울훈련을 시작했고, 겨우내 그곳에서 훈련을 하던 팀들은 봄이 오고 날씨가 풀려가는 시기에 발맞추어 조금씩 기차를 타고 북상하며 연습경기를 치렀다. 그리고 4월이 되면 다시 뉴욕이나 LA 같은 본거지로 올라와 정규시즌에 들어갔던 것이다. 말하자면 스프링캠프는 '봄 날씨인 곳을 찾아가서 차리는 훈련장'을 의미한다.

미국과 달리 지역별 기후의 차가 크지 않은 한국에서는 스프링캠프란 곧 '해외전지훈련'을 의미하는 말로 쓰이고 있다. 1월과 2월의 혹한기에 야구훈련이 가능한 날씨는 가깝게는 일본의 오키나와에서 멀리는 괌, 사이판 같은 남태평양 지역으로 건너가야만 만날 수 있기 때문이다. 하지만 일부 구단은 미국의 투싼이나 플로리다, 혹은 하와이까지 이동거리를 넓히기도 하고, 반대로 국내의 제주도에서 만족하는 경우도 있다. 물론 김성근 감독이 지휘 아래 1989년 시즌을 앞두고 오대산 극기훈련을 단행하며 맨발행군과 얼음물 목욕으로 프로그램을 짰던 태평양 돌핀스의 경우처럼 '이열치열식' 역발상을 보여준 경우도 없지는 않았으며, 그 태평양이 꼴찌에서 플레이오프까지 수직 상승하는 성공사례를 만들자 1990년대 초반의 몇 해 동안은 모든 구단이 '얼음계곡 입수'와 '해병대입소' 같은 격한 프로그램으로 스프링캠프를 꾸렸던 적도 있었다.

빠르게 던진 커브 혹은 비틀어 던진 직구,
슬라이더

슬라이더(Slider)는 야구 역사에서 커브 다음으로 오래된 변화구다. 커브를 통해 '휘는 공'이 존재할 수 있다는 것을 확인한 투수들이 커브 던지는 법을 응용하고 변형해 만들어낸 구종이기 때문이다.

슬라이더는 이름 그대로 '미끄러지는 공'이다. 직구처럼 직선으로 날아오다가 타자 앞에서 갑자기 옆으로 미끄러지듯 휘어나가기 때문이다. 직구가 빠르고 직선으로 움직이는 공, 커브가 느리고 커다란 궤적의 곡선으로 움직이는 공이었다면 슬라이더는 직구와 커브 중간쯤의 빠르기와 궤적으로 움직이는 공이라고 할 수 있다.

슬라이더는 커브처럼 뚜렷한 '창시자'의 이름을 꼽기가 어렵다. 슬라이더를 처음 던진 투수로는 1900년대 초반에 활약했던 치프 벤더, 조지 블레이홀더, 조지 얼 같은 투수들의 이름이 거론되는데, 그 중 누구도 스스로 슬라이더의 창시자를 자처하지 않은 것은 누구도 의식적으로 새 구종을 개발하고 발명했다고 할 수 없기 때문이다. 예컨대 조지 얼은 자신의 공을 '손목을 약간 비틀어서 던지는 직구였다'고

슬라이더 쥐는 법

설명했고, 치프 벤더는 '빠르게 던진 커브였다'고 설명하는 식이었다.

하지만 1940~50년대를 거치며 홈런이 비약적으로 늘어나자 슬라이더가 각광을 받으며 당당히 독립적인 하나의 구종으로 인정을 받기 시작했다. 대부분 홈런을 노리고 당겨치는 타자들에게 몸쪽 공을 던지는 것은 큰 위험을 감수해야 하는 일이었던 것과 달리, (오른손 투수가 오른손 타자에게 던질 경우) 타자 앞에서 바깥쪽으로 흘러나가는 슬라이더는 제구만 제대로 된다면 홈런을 맞을 위험을 줄일 수 있기 때문이다.

우리나라에서는 1960년대에 실업야구 무대에서 재일교포 출신의 김영덕이 처음 도입한 것으로 알려져 있고, 프로야구 개막 이후에는 김시진, 선동열, 염종석, 조용준 등이 슬라이더로 이름을 날렸다. 특히 선동열과 염종석은 직구와 별 차이가 없는 시속 140킬로미터 대 중반에 이르는 '고속슬라이더'로 유명했고, 조용준은 '빠르면서 예리하기까지 한' 별종의 슬라이더를 던져 '조라이더'라는 애칭을 얻기도 했다.

최근에는 슬라이더보다 더 직구에 가까운, 그러니까 더 빠르고 덜 꺾이는 공인 '커터' 같은 변형된 슬라이더가 각광을 받고 있기도 하다. 특히 왼손 투수가 던지는 커터는 타석 앞에서 갑자기 오른손 타자의 몸쪽으로 짧게 꺾이는데, 직구로 알고 휘두르는 배트의 손목 쪽에 맞으면서 무수한 배트를 부러뜨리기도 한다. 2009년 플레이오프에서 SK 와이번스 타자들의 배트를 열 댓 자루나 부러뜨린 금민철(당시 두산)의 커터가 유명하다.

승리투수와 패전투수

한화 이글스의 에이스 문동환이 시즌 개막 한 달 만에 6승째(1패 1세이브)를 올리는 놀라운 페이스로 다승부문 선두로 치고나가던 2006년 5월 초, 롯데 팬들은 '문동환의 경쟁상대는 김롯데 뿐'이라고 자조했다. 롯데 자이언츠의 팀 승수가 문동환이라는 한 명의 투수가 거둔 것과 큰 차이가 없는 8승(18패)에 머물고 있었던 것이다.

야구는 두 팀이 겨루어 각자 승리와 패배를 나누어 가지는 경기다. 하지만 그것과는 별도로 승리와 패배를 개인 기록으로 새기는 선수들이 있는데, 바로 투수들이다.

선발투수가 최소한 5회 이상을 던지는 동안 팀이 리드를 잡고, 그 리드가 유지되어 팀이 승리했을 때 그 투수를 승리투수로 기록한다. 하지만 선발투수가 던지는 동안이든, 강판한 다음이든 간에 팀이 역전을 당하거나 동점을 허용하게 되면 승리투수 자격은 사라지게 된다. 그래서 선발투수가 5회를 채우지 못하고 물러났거나, 역전과 재역전의 과정을 거치며 선발투수가 승리투수의 자격을 잃은 상태에서 팀이 이겼을 경우에는 그 승리에 대해 가장 효과적인 투구를 했다고 기록원이 판단한 투수에게 승리투수의 지위가 주어진다(관행적으로 팀이 다시 리드를 잡는 시점에서 던지고 있었던 투수가 승리투수로 인정받지만, 엄밀히 따져서 기록원이 다른 투수가 더 효과적인 투구를 했다고 인정하면 승리투수는 바뀔 수 있다). 물론 반대로 리드를 빼앗기는 점수나 주자를 내준 투수는 패전투수로 기록된다.

이렇게 여러 포지션 중 투수에게만 승리와 패배라는 기록을 남겨 기록하기 시작한 이유를 정확히는 알 수 없다. 하지만 '야구는 투수놀음'이라는 속설처럼, 팀의 승리와 패배에 가장 직접적이고 결정적인 영향을 끼치는 것이 바로 투수라는 점 때문에 당연하게 받아들여졌으며, 또한 선발투수들의 능력치를 표시하는 가장 기본적인 요소로 고려되어왔던 것만은 분명하다.

물론 단 1점을 내주고 완투하더라도 자기 팀 타자들이 2점을 뽑아내지 못하면 패전투수의 멍에를 쓸 수밖에 없는 반면, 10점을 내주더라도 동료들이 11점을 만들어주면 승리투수가 될 수 있다는 점에서, 승리와 패전의 기록은 상대적이며 상황적이다. 그리고 8회를 무실점으로 던진 선발투수가 아니라 1회도 채 버티지 못하고 실점을 허용한 구원투수에게 승리투수의 영예가 돌아갈 수도 있다는 점에서 불공평하며 역설적이기도 하다. 하지만 그렇게 상대적이고 불공평하며 역설적인 상황들을 겪어온 이백여 년의 야구역사 끝에 오늘날에도 사람들은 흔히 '10승 투수가 되는 법'을 논하고 '15승 투수'를 에이스와 동의어로 사용한다. 그것은 투수에게 주어지는 승리와 패배가 가지는 상대성, 상황성, 불공정성, 그리고 역설들이 야구 자체가 가지는 진폭과 다르지 않기 때문이다.

야구는 스포츠이지만, 게임이기도 하다. 오랜 시간 동안 갈고 닦은 육체의 능력을 측정하는 측면이 있기에 스포츠이지만 순간순간 돌발하고 굴절되는 의외성이 있어 게임이기도 한 것이다. 그래서 한 투수가 승리투수가 되는 데는 강한 어깨와 다양한 기술, 지략들도 필요하지만, 다른 한편에서는 동료 타자들에게 자신감과 희망과 확신을 심어주고 동기를 부여하며 때로는 흥분하도록, 때로는 냉철해지도록 하는 관계의 능력도 필요하다. 한 경기를 통해 한 팀이 가질 수 있는 승리, 패배와 똑같은 기록 상의 승리, 패배가 양 팀의 투수에게 주어지는 이유가 바로 그 때문이다.

가장 강한 곳에 놓는 덫, 시프트

1946년 7월 15일, 보스턴 레드삭스와의 더블헤더 2차전에 나선 클리블랜드 인디언스 수비수들은 타석에 테드 윌리엄스가 들어서자 일제히 그라운드 우측으로 이동했다. 3루수는 2루 베이스 뒤로, 유격수와 2루수는 1루와 2루 사이로, 1루수는 1루 베이스 뒤로, 그리고 중견수는 우익수 쪽으로, 우익수는 우측 파울라인 쪽으로. 그라운드 좌측에 남은 것은 좌익수 하나 뿐인 셈이었는데, 극단적으로 당겨치기만을 고집하던 전설적인 왼손 타자 테드 윌리엄스의 타구를 잡아내기 위해 클리블랜드의 젊은 감독 루 부드로가 만들어낸 독창적인 수비 포메이션이었다. 사람들은 그것을 '부드로 시프트(Shift)'라고 불렀는데, 나중에는 모든 팀의 수비수들이 테드 윌리엄스를 상대로 같은 방식을 쓰게 되면서 '윌리엄스 시프트'라고 바꾸어 부르게 되었다.

그 뒤로도 배리본즈, 이승엽, 김재현 같이 일관되게 잡아당기는 타자들을 상대하는 팀들이 비슷한 방식을 썼고, 그 때마다 '배리본즈 시프트', '이승엽 시프트', '김재현 시프트' 같은 이름들이 등장했다. 타

시프트

자의 습성은 쉽게 바뀌기 어려운 것이며, 아무리 정확히 때려낸 타구라 하더라도 수비수가 잡아내면 아웃시킬 수 있다는 점에 착안한 수비전략이다. 말하자면 상대방의 가장 약한 곳을 노리는 것이 아니라, 가장 강한 곳에 놓는 덫이 시프트다.

이렇게 극단적으로 몰려 있던 수비수에게 정확한 안타성 타구 한두 개가 잡히기 시작하면 타자들도 혼란에 빠지게 되는데, 2009년 LG 트윈스에서 뛰던 페타지니가 그 대표적인 사례다. 시즌 개막 후 두 달 여 동안 4할 이상의 타율을 유지하던 베네수엘라 출신의 타자

페타지니는 시즌 중반 이후 각 팀들이 펼친 극단적인 시프트 수비에 걸려 대여섯 개의 안타를 잃어버리자 조금씩 예민해지기 시작했다. 그리고 나름대로 3루수 쪽으로 기습번트를 대보기도 하고 조금씩 밀어치는 타격도 시도했지만, 너무 느린 발과 너무 오랜 세월동안 굳어져버린 관성 탓에 별 효과를 거두지는 못했다. 그리고 오히려 타격 밸런스가 무너지면서 타율도 .332까지 떨어지게 되었다.

시프트에 대처하는 타자의 해법은 여러 가지가 있다. 그 중 야구 역사상 처음으로 시프트 수비를 경험했던 테드 윌리엄스의 해법은 이런 것이었다.

"980그램짜리의 약간 무거운 배트를 1.5~2센티미터쯤 짧게 쥐고 때리자 여러 방향으로 날카로운 타구들을 날릴 수 있었다. 그리고 상대 팀들이 극단적인 수비 시프트를 하느라 휑하니 뚫려 있던 좌익수 방향으로 많은 안타를 때려낼 수 있었다. 하지만 얼마 후 '테드 윌리엄스도 이젠 늙었기 때문에 더 이상 잡아당기는 타격을 할 수 없는 모양'이라고 생각한 다른 팀 수비수들이 시프트를 풀고 정상수비로 돌아갔을 무렵, 나는 다시 가벼운 배트를 들고 경기에 나섰다. 그리고 그 해 여름쯤에는 우익수 방면으로 마음껏 공을 잡아당겨서 안타를 만들어낼 수 있었다."

테드 윌리엄스,《타격의 과학》

그리고 2002년, 역시 시프트 수비 때문에 고전하던 김재현이 김성근 당시 LG 트윈스 감독에게 어떻게 해야 하는지를 묻자, 김성근 감독은 이런 조언을 했다고 한다.

"어떻게 하긴 뭘 어떻게 해? 더 세게 때려서 넘겨야지."

조금 다른 점은 있지만, 테드 윌리엄스와 김성근의 해법은 모두 타격 폼과 타격 리듬에 흔들림이 없어야 한다는 점에 핵심이 있었다. 타자로서 최악의 상황은, 그 수비망을 피해가기 위해 무의식중에 조금씩 타격 폼을 바꾸다가 리듬을 잃고 슬럼프에 빠지는 것이기 때문이다.

저비용 고효율의 비정규직, 신고선수

정식 드래프트에서 선발되지 못한 선수들을 대상으로 선수를 뽑는 방식. 선수 각자 구단의 테스트에 응시해서 합격하면 입단을 하게 되지만 계약금 없이 형식적인 수준의 월급에 만족해야 하며, 지속적인 신분 보장도 되지 않는 일종의 비정규직이다. 입단 후에도 배팅볼을 던지거나 캐치볼 상대역을 하거나 훈련물품들을 챙기고 정리하는 등 정식선수들의 훈련과정을 보조하는 역할을 하게 되며, 틈틈이 스스로 훈련을 하면서 정식선수로 승격될 기회를 노린다.

80년대에 장종훈, 한용덕(이상 한화) 송유석(해태), 최창호(태평양) 등 연습생으로 출발해 스타플레이어로 올라선 이들이 나오면서 각 구단의 지명을 받지 못한 낙오자들의 용기를 북돋웠고, 90년대에도 김민호, 김상진(이상 두산), 박경완(쌍방울) 등이 연습생 출신으로 정상급 선수가 되었다. 신고선수(한국야구위원회는 각 팀이 1군과 2군을 합쳐서 63명의 선수만을 '등록'할 수 있도록 하고 있다. 따라서 정식선수로 등록되지 못한 채 신고만 되어 있는 예외적인 선수들을

'신고선수'라고 표현하고 있다)로 명칭이 바뀐 2000년대의 대표적인 신고선수 출신 스타플레이어로는 김현수, 손시헌, 이종욱(이상 두산), 조동화(SK) 등이 있다.

하지만 90년대 이후 프로와 아마추어 사이의 수준차가 점점 커지고 그에 따라 정식 드래프트를 통해 선발한 자원 중에서도 주전으로 자리 잡는 선수들의 수가 점점 줄어든 반면 신고선수(연습생) 중에서는 심심찮게 성공사례가 나타나자 그 '저비용 고효율'이라는 점에 매력을 느낀 각 구단이 정식선수 선발을 줄이고 오히려 신고선수들을 대량으로 확보하려 들면서 2009년에는 등록된 신인선수보다 신고선수의 수가 오히려 더 많아지는 폐해까지 생기게 되었다. 신인 드래프트에서 7명 이상을 지명한 팀에게만 3명까지의 신고선수 선발을 허용하기로 한 한국야구위원회의 규정은 그런 비정상적인 흐름을 저지하기 위한 고육책이었다.

어쨌거나 신고선수 출신의 스타플레이어를 만나는 것은 두 가지 면에서 묘한 감상에 젖게 한다. 어려운 조건에서 출발해 숱한 역경을 이기고 정상까지 올라선 선수에게 느끼는 대견하고 기특한 마음. 그리고 그런 가능성 있는 인재들을 좋은 대우와 환경 속에서 키워내지 못하고 '알아서 기어 올라오도록' 방치하며 숱한 미래의 영웅들을 세월 속에 줄줄 흘려대고 있는 구단과 야구계에 대한 야속한 마음. 박수를 보내면서도, 그런 고단한 성공담이 너무 흔해지지는 않을 수 있도록 지혜를 모아야 함을 깨우쳐주는 것이 바로 '신고선수 신화'이다.

쌍방울 레이더스

1991년부터 1999년까지 전북지역을 연고로 했던 팀. 이전까지 7개 구단으로 운영되느라 늘 한 팀이 경기상대를 찾지 못해 쉬어야 하는 파행을 벗어나고자 했던 야구계와 야구팬들, 그리고 '호남'이라는 범주를 벗어나 '전북'이라는 독자적인 정체성을 강조하고 싶었던 중앙과 지역 정치인들의 전폭적인 지지 속에 출범했지만 결국 자금력의 한계를 극복하지 못한 채 약체팀으로 전락했다가 IMF라는 격랑에 휩쓸려 사라지며 '역사상 첫 번째 해체 구단'으로 기록된 비운의 팀이다.

물론 스타플레이어가 없는 것도 아니었고 나름대로 '전성기'도 있었다. 창단멤버로서 팀 공수의 핵이었던 김기태와 조규제, 김원형을 비롯해 훗날 역대 최고의 포수로 성장하는 박경완, 중간계투요원으로서 20승 투수 반열에 올랐던 김현욱, 역대 최다연속경기 출장기록을 세운 최태원 등은 쌍방울이 낳은 한국야구의 영웅들이기도 했다. 그리고 김성근 감독의 지휘 아래 두 해 연속 플레이오프에 진출하며 우승 꿈을 키워가던 96년과 97년의 영광스런 기억도 있었다.

하지만 좀 더 뻗어가리라 믿어졌던 98년에 IMF의 벽에 막혀버렸고, 앞서 거명했던 스타플레이어들 대부분을 삼성과 현대라는 재벌팀에 팔아넘김으로써 근근이 운영비를 조달하며 빈 껍데기 팀이 되어 주저앉아버렸다. 그들은 끝내 '봄날의 기억'을 만들지 못했고, 영원한 꼴찌와 패배자들의 상징으로 굳어버렸다.

쌍방울 레이더스의 홈팬들이 열광하던 전주와 군산 경기장은 이제 빈집이 되었다. 간혹 연고지인 전북지역을 접수한 기아 타이거즈가 구단의 발상지인 군산에서 '팬서비스' 차원의 몇 경기를 열고는 있지만 이제는 그곳에서도 쌍방울의 흔적을 찾아보기는 쉽지가 않다.

더도 덜도 말고 삼세판, 쓰리번트

타자가 어떤 순간에 홈런이나 안타를 치지 못했다는 이유로 비난을 받는 경우는 흔치 않다. 제 아무리 날고 기는 전설적인 타자라 하더라도 홈런이나 안타는 칠 때보다 못 칠 때가 더 많은 법이기 때문이다.

하지만 보내기 번트를 실패할 경우에는 안팎의 비난과 질책을 피해가기 어려운데, 그만큼 번트란 반드시 해내야 하는 임무이며 또 집중하기만 하면 얼마든지 해낼 수 있는 과제로 여겨진다.

하지만 야구 선수들이 입을 모아 항변하는 것은 그것이 보기처럼 그렇게 쉽지만은 않다는 점이다. 물론 배트를 홈플레이트 위에 멈춰 세운 채 공을 맞이하기 때문에 타이밍을 맞추는 부담은 덜게 되지만, 역시 둥근 배트로 둥근 공을 맞히는 일인지라 조금만 빗맞히면 공중으로 떠버리거나 포수 앞으로 박혀버릴 우려가 크다. 그리고 아무리 '갖다 대는' 것이라고 해도 시속 150km에 육박하는 공을 맞혀 속도를 줄이는 것이 여간 힘든 일이 아니라고 한다. 적지 않은 번트 타구가 투수나 내야수 정면으로 가는 손쉬운 땅볼 타구에 그치는 이유가 바로 그것이다.

하지만 그보다도, 번트가 생각보다 쉽지 않은 가장 큰 이유는 투 스트라이크 이후에 번트를 댈 경우 헛스윙이 아니라 파울만 되더라도 아웃이 선언되는 '쓰리번트' 규정 때문이다.

쓰리번트는 타자가 투수의 투구수를 늘리려는 의도를 가지고 번트 자세에서 손쉽게 공들을 커트해내 파울을 양산하는 것을 막기 위해 만들어진 규칙이다. 선발투수의 경우에는 100개, 구원투수의 경우에는 통상 30~40개 안팎을 한계 투구수로 보는 것을 감안하면, 타자 몇 명이 작정을 하고 번트 자세에서 공을 열 댓 개 정도씩만 커트해낸다면 안타 하나 없이도 상대 팀 투수 운용에 치명적인 타격을 가할 수 있기 때문이다.

그래서 번트를 성공시키려면 초구부터 적극적으로 시도해야 한다. 기회는 노 스트라이크, 그리고 원 스트라이크 상황일 때에 국한되며 공 한두 개를 지켜보며 가늠할 여유 따위는 주어지지 않는다. 혹시라도 나른한 마음으로 임하다가 공 한두 개를 놓치거나 잘못 골라냈다가는 당장 파울만 돼도 아웃이 되는 투 스트라이크 상황에 몰리기 때문이다. 그래서 투 스트라이크 상황에서도 번트 지시를 철회하지 않는 경우는 대략 두 가지의 이유 때문이다. 타자가 그런 긴장된 상황에서도 충분히 성공시켜줄 수 있는 침착하고 대범한 선수라는 굳은 믿음을 받는 경우, 아니면 그 다음 타순에 훨씬 믿음직한 타자가 기다리고 있기 때문에 절대 죽더라도 혼자 죽어야만 한다는 냉정한 현실 판단을 내린 경우이다.

머리가 범한 실책, 야수선택

야수의 몸이 아닌 머리가 범한 실책을 특별히 '야수선택(fielder's choice)'이라고 표현한다. 예컨대 선행주자를 잡기 위해 무리한 플레이를 하다가 실패하면서 잡을 수 있었던 후속주자마저 살려주는 경우가 대표적인 예다.

야수선택이 가장 흔히 나오는 것은 보내기 번트를 수비하는 상황에서다. 번트 타구가 다소 빠르게 투수나 야수 정면으로 왔을 경우 선행주자를 잡기 위해 2루나 3루에 송구하는 경우가 있는데, 만약 실패할 경우에는 타자주자마저 살려주게 되기 때문이다.

그 밖에도 도루를 시도하는 주자를 잡아내거나 크게 리드하는 주자를 견제하기 위해 투수나 야수가 송구를 하는 사이 다른 루에 있던 주자가 진루하거나 홈으로 들어오는 경우에도 야수선택으로 기록되며, 수비 팀이 무관심한 것을 이용해 아무런 수비 행위도 하지 않는 사이에 주자가 도루로 진루하는 무관심도루도 기록상 야수선택으로 인정한다.

어린이회원

한국에서는 '황금세대'로 불린 92학번을 비롯해 70년대 초중반에 태어난 이들 중에서 대형 야구 선수들이 많이 나왔고, 그것은 그대로 90년대 중후반 이후 해외무대에서의 잇단 성공과 한국 프로야구의 질적 성장으로 연결되기도 했다. 메이저리그 통산 120승의 박찬호를 비롯해 조성민, 임선동, 박재홍, 염종석, 정민철, 김재현, 김동주, 김병현 등이 모두 그 세대에 포함되는데, 물론 한국야구가 1, 2회 WBC에서 4강과 준우승의 성적을 내며 단숨에 세계야구의 중심으로 인정받게 된 것도 그들의 힘에 의해서였다. 그런데 바로 그들이 처음 야구를 접하고 즐기기 시작한 계기가 초등학교 저학년이었던 시절 그들에게 야구모자와 잠바를 입혔던 프로야구 어린이 회원이었다는 점은 의미심장하다.

1980년대 초중반, 등교시간에는 심심치 않게 야구잠바와 야구모자 차림으로 거리를 활보하는 초등학생들을 만날 수 있었다. 바로 '보이스카웃'과 함께 80년대 초등학생 클럽활동의 양대산맥이었던 '프로야구 어린이회원'들이었다. 어린이회원이란 '젊은이에게 낭만을, 어린이에게 꿈을'이라는 프로야구 창립 슬로건에 걸맞게 1982년 6개 구단이 '미래의 고객'인 어린이들을 대상으로 시작한 멤버십 서비스였다.

대략 가입비 5천 원 정도를 내면 야구잠바와 야구모자, 팬북, 소속 팀 선수들의 사인이 한꺼번에 복사되어 있는 사인볼 따위의 선물과 야구장 매표소에서 제시하면 할인혜택을 받을 수 있는 회원증을 받을 수 있었고, 혹시 팀이 우승이라도 하면 초대형 지우개나 야구배트 같은 특별선물을 덤으로 받았다. 물론 그렇게 가입비의 몇 배 쯤 될 만큼의 푸짐한 선물은 어린이회원제 성공의 핵심적인 요소였다.

어린이회원제는 지역연고제와 더불어 초창기 프로야구가 관중들에게 소속감을 부여함으로써 빠른 속도로 열혈 팬들을 끌어 모을 수 있었던 비결이 되었고, 십 수 년 뒤에 돌아올 중흥기를 예고하는 값진 씨앗이었다.

80년대의 어린이회원 제도가 90년대 중반 이후에 불러왔던 성공은 프로스포츠가 특히 어린이들을 대상으로 한 투자에 있어서 어떤 안목을 가져야 하는지 잘 보여주는 사례다. 그리고 그런 점에서 2000년대 초반의 한때 지나친 적자폭을 이유로 각 구단이 어린이회원 서비스를 중단했던 것 또한 한국 프로야구단들의 안목과 시야를 가늠을 할 수 있는 기준이기도 하다.

역전의 명수와 그 후예들

1972년 7월 19일, 제 26회 황금사자기 고교야구대회 결승전에서 전통의 강호 부산고는 창단 3년차의 신생팀 군산상고를 4대 1로 여유 있게 압도한 채 9회 말 마지막 수비에 들어갔다. 첫 타자 김우근이 안타를 치고 나갔지만 다음 타자를 뜬공으로 아웃 처리. 이제 우승까지 단 두 개의 아웃카운트만이 남은 상황이었다. 하지만 그대로 경기를 끝내면 대회 최우수선수로 선정될 가능성이 높았던 부산고의 선발투수 편기철은 갑자기 긴장이 풀렸는지 연속 볼넷을 허용하며 만루를 만들어주었고, 이어 1번 타자 김일권에게 몸에 맞는 공을 던져 밀어내기로 한 점을 내주고 만다. 군산상고 응원단석은 이미 3점을 내준 8회 초에 승부가 기울었음을 직감한 사람들이 빠져 나가 휑해 있었지만, 원래 약자에 동정적이기 마련인 데다, 잘하면 진풍경을 하나 구경하겠다 싶은 마음으로 군산상고 쪽으로 기울기 시작한 서울사람들이 외치는 군산상고 응원구호는 점점 달아올랐다. 그리고 그렇게 상대팀을 응원하는 목소리가 점차 커져가는 것을 느끼며 한층 더 굳어버린 부산고 투수는 2번 양기탁에게 동점타를 허용했고, 3번 김준환에게 끝내기 결승타를 맞고 무너져버리고 만다. 그날로 군산상고는 '역전의 명수'라는 영예로운 별명을 얻으며 고교야구무대의 신흥강호로 떠올랐고, 그로부터 호남의 야구열기가 시작되었으며, 지역연고제를 근간으로 하는 한국 프로야구의 구상이 가능케 했다.

10년 뒤인 1982년 9월 14일, 잠실에서 열린 세계야구 선수권대회 최종전에서 만난 것은 한국과 일본이었다. 토너먼트가 아닌 풀리그 방식이긴 했지만 두 나라가 각기 7승 1패의 가장 좋은 전적을 올리고 있었기 때문에 그 경기가 그대로 결승전이나 마찬가지였다. 하지만 한국팀은 2회초 수비 때 좌익수 유두열이 단타로 막을 수 있는 공을 뒤로 빠뜨려 3루타를 만들어주는 실책 탓에 2점을 먼저 내준 반면, 타선은 일본 선발 스즈키의 구위에 눌려 내야안타 한 개 밖에 뽑아내지 못한 채 8회까지 끌려가야 했다.

하지만 8회말, 선두타자 8번 심재원의 안타에 이어 9번 대타 김정수의 2루타로 1점 만회, 그리고 1번 조성옥의 보내기 번트 성공에 이어 코치의 사인을 잘못 본 2번 김재박의 '개구리 점프번트'가 3루쪽 라인을 기가 막히게 타고 흐르는 내야안타가 되면서 동점. 그리고 3번 이해창의 계속된 안타와 4번 장효조의 땅볼로 2아웃 1, 2루 상황에서 터져나온 5번 한대화의 통렬한 석점 홈런. 끝내 한국은 일본을 5대 2로 무너뜨리고 당대 최고 권위의 세계야구 선수권대회에서 아시아권 국가로서는 첫 번째 우승을 달성했으며, 그 감격과 열기는 그해 출범했던 프로야구의 인기로 그대로 옮겨붙을 수 있었다.

2003년, 5월 27일. 현대 유니콘스는 기아 타이거즈와의 수원 홈경기에 당시 14연승을 달리고 있던 에이스 정민태를 내세웠다. 하지만 그는 무려 6점을 빼앗기며 1회를 채 마무리하지도 못한 채 밀려나고 말았고, 채 몸도 풀지 못하고 마운드를 이어받은 구원투수들도 연달아 뭇매를 맞기 시작했다. 2회 초가 끝났을 때 점수는 10대 1. 하지만 현대는 2회 말에 김동수의 3점 홈런이 터져나온 데 이어 3회에는 이숭용의 2점 홈런, 4회에는 다시 김동수의 연타석 솔로홈런으로 차곡차곡 따라가 7점을 만들었고, 3점 차로 뒤진 채 맞이한 9회말 마지막 공격에서는 박종호, 프랭클린의 연속안타로 두 점을 따라간 뒤 심정수의 끝내기 3점 홈런으로 기어이 경기를 뒤집어 12대 10을 만들어 놓고 말았다. 9점차를 뒤집어낸, 역대 최다점수차 역전승 기록이다.

2009년 5월 12일 잠실에서는 전년도 꼴찌팀 LG 트윈스가 3연속 우승을 노리던 SK 와이번스와 맞섰지만 1대 9로 몰린 채 9회말에 들어서고 있었다. '야구의 신'이라 불리던 SK 와이번스의 김성근 감독은 늘 마지막 순간까지도 서너 점 정도의 리드는 리드로 생각하지 않는 냉철한 경기운영으로 상대팀 팬들의 원성을 사곤 하던 인물이었지만, 그 순간만큼은 이미 결정된 승부라고 생각했던지 잘 던지던 특급 마무리 정대현을 아끼기 위해 부상에서 회복중이던 정우람을 교체해 올렸다. 하지만 LG 타선은 선두타자 김정민의 안타를 신호탄으로 14명의 타자가 등장해 8개의 안타와 3개의 볼넷이 이어갔고, 결국 점수는 9대 9 동점이 되고 말았다. 그리고 다시 연장 12회까지의 혈투. 전혀 예상하지 못했던 연장승부를 감당하느라 선수가 동이 난 LG 트윈스는 평생 포수만 했던 김정민을 좌익수 위치에 세우고 지명타자요원 최동수를 마운드에 세우는 고육지책을 쓸 수밖에 없었을 정도였다.

LG는 세 번이나 끝내기 찬스를 잡았지만 모두 실패했고, 결국 승부는 연장 12회초에 재차 폭발한 SK가 16대 10으로 가져가는 것으로 맺어졌다. 그리고 그날의 혈투를 분수령으로 LG는 상위권에서 이탈해 다시 하위권으로 곤두박질치기 시작했고, SK 역시 선두권을 유지하기는 했지만 최강의 면모를 잃고 3강 중의 하나로 내려서기 시작했다. 매주 여섯 번씩, 한 해 동안 133번이나 경기를 치르는 정규리그에서 젖 먹던 힘까지 짜내야 하는 한 경기의 여파는 생각보다 크기 때문이었다.

하지만 그날의 경기가 우리 모두에게 무의미한 헛고생이었다고 할 수는 없다. 아마도 그날의 경기를 지켜보았던 사람들은 평생 9대 1로 몰린 채 맞은 9회 말 같은 삶의 막다른 골목에서마다 LG를 떠올릴 것이다. 또 기록적인 대역전패의 웃음거리가 되기 직전의 곤혹스러운 순간마다 SK를 떠올릴 것이다.

야구는 정해진 시간 안에서 승부를 가리는 경기가 아니다. 9회까지, 스물일곱 번의 기회를 모두 날리기 전까지는 절대 지지 않는 것이 야구이며, 단 한 방의 홈런으로 4점 차이까지도 극복할 수 있는 것이 야구이기 때문이다. 그래서 역전은 야구의 본질적 특징이며, 야구를 야구답게 하고 인생을 은유하며 끈기와 용기, 희망을 전하는 결정적 장면이 되었다. 요기 베라의 말처럼 '야구란 끝날 때까지 끝난 것은 아니다.'

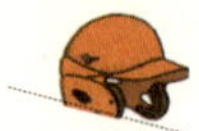

자존심, 껌 값 그리고 연봉

1994년 태평양 돌핀스에서 데뷔해 2007년 현대 유니콘스가 해체되면서 유니폼을 벗은 김민범이라는 투수가 있었다. 선수 인생 내내 보직은 원포인트 릴리프였지만 데뷔한 1992년부터 무려 16년간 활약하며 234경기에 등판했고 164경기 연속 무패라는 진기록을 수립하기도 했던, 나름대로 할 말이 있는 선수다. 하지만 그가 은퇴를 결정하던 2007년 겨울, 그의 연봉은 고작 2000만 원이었다.

누구에게나 그렇듯 연봉은 당장 처자식을 먹여 살릴 방편이며, 특히 프로야구 선수에게는 내일 다시 경기장에 나서기 위한 피와 살과 근육을 만들 도구이며 글러브와 배트를 살 밑천이기도 하다. 하지만 하루하루가 목을 내놓고 사는 생존전쟁의 무대인 프로야구 판에서 마흔이 다 돼가도록 질기게 버텨도 그런 삶의 필요를 충족시키는 만큼의 돈을 버는 것은 쉽지 않다.

물론 그런 필요를 채우고도 넘칠 만 한 고액연봉자들에게 있어서도 연봉협상은 늘 치열한 전쟁터다. 왜냐하면 연봉이란 또한 프로야구 선수들의 가치를 측정하는 가장 직접적이고 노골적인 수치이기 때문이다.

1985년 12월 30일, OB 베어스 사무실에서는 그 해 최고의 신인으로 꼽히던 박노준의 입단협상이 위태로운 외줄타기를 하고 있었다. 박노준이 요구한 계약금은 5천만 원, 구단이 최종적으로 제시한 금액은 4999만 원. 결국 협상을 중재하던 이종남 기자가 자기 주머니에서 만 원을 꺼내 얹음으로써 계약은 타결되었다.

1988년에는 롯데 자이언츠의 에이스 최동원이 늦어진 연봉협상 때문에 시즌이 개막된 이후에도 한동안 선수단에 합류하지 못하는 사태가 빚어졌다. 하지만 연봉협상에서 구단과 선수 사이의 이견은 딱 90만 원에 불과했다. 동결하겠다는 구단과 90만 원을 올려달라는 선수. 물론 그때 이미 프로스포츠를 통틀어 최고 수준의 연봉을 받던 최동원이나 한국과 일본 양쪽에서 거대기업을 운영하던 롯데나 90만 원은 '껌 값'으로 치부할 수도 있는 액수에 불과했다. 하지만 그 90만 원은 선수의 가치와 의미를 사이에 둔 구단과의 자존심 싸움이었던 것이다.

해마다 웬만큼 잘하는 선수들이 연봉을 놓고 구단과 지리멸렬한 싸움을 되풀이하는 이유가 그런 것들이다. 연봉은 자신의 가치와, 자신에 대한 인식, 자신의 기여와 가능성에 대한 평가들의 표현이며, 따라서 선수 자신이 가져야 하는 자신감의 근거가 되는 하나의 숫자이기 때문이다. 그래서 그 숫자들을 대면하며 자신의 선수 인생 전체를 돌아보게 되기 때문이다.

레전드의 빈자리를 추억하는 영구결번

은퇴한 선수의 업적을 기리기 위해 그 선수가 달았던 번호를 어떤 후배 선수도 달지 않도록 비워두는 것. 각 구단이 자체적으로 정하며, 그 구단의 홈구장 벽에 영구결번된 대형 유니폼을 걸어두는 등의 방식으로 기념한다. 특별한 기준이 있는 것은 아니지만, 선수와 팬과 구단 모두가 공감할 만큼 확실한 업적과 기억을 남긴 위대한 선수들에게만 주어지는 영예이다. 아직 '명예의 전당'이 없는 우리나라에서 영구결번은 각 팀의 '레전드'들을 기억하고 기리는 유일한 방법이다.

1986년 OB 베어스가 스스로 목숨을 끊은 포수 김영신이 달았던 54번을 처음으로 영구결번시킨 이래(한국 프로야구의 첫 영구결번자인 김영신의 경우 분명한 업적과 기억을 남긴 선수는 아니었고, 그 이후로 영구결번된 선수들과는 전혀 다른 경우이다) 2009년까지 모두 8명의 선수가 영구결번의 영광을 안았다. 아직 현역에서 뛰고 있지만 은퇴 후 영구결번이 확정된 이승엽까지 포함하면 10명인데, 나머지 9명의 이름은 다음과 같다.

18번(선동열, 기아 타이거즈), 21번(박철순, 두산 베어스), 54번(김영신, 두산 베어스), 22번(이만수, 삼성 라이온즈), 41번(김용수, LG 트윈스), 21번(송진우, 한화 이글스), 23번(정민철, 한화 이글스), 35번(장종훈, 한화 이글스), 10번(양준혁, 삼성 라이온즈)

SK 와이번스

'뜨려고 했다기보다는, 빠져죽지 않으려고 허우적대다보니 떠오른'
팀의 전형이다. 2000년, 현대 유니콘스의 연고지 이전 소동 끝에 황
폐화가 되어버린 인천에서 '꼴찌의 전설' 쌍방울 레이더스의 선수들
을 모태로 삼아 창단해 그 해 고작 경기당 천 여 명의 관중만을 모아
놓은 채 꼴찌 팀으로 출발한 이래 그야말로 '맨 땅에 헤딩하기'를 십
여 년. 그런 척박한 환경에서 살아남기 위해 짜낸 '스포테인먼트'의
대성공과 김성근 감독 영입의 대성공으로 2000년대 후반 최강팀의
반열에 올라서는 동시에 서울과 부산에 버금갈 만큼의 대관중을 모
으는 인기 팀으로 자리 잡았다.

　다른 지역을 연고로 하던 팀을 모체로 삼아 창단하다 보니, 그리고
오랜 세월 동안 인천 지역을 연고로 하던 팀이 선수들을 데리고 떠난
곳에 자리를 잡다 보니 SK 와이번스는 연고지 출신 프랜차이즈 스타
를 보유하지 못했다는 치명적인 약점을 가지고 있었다. 하지만 2000
년대 후반 이후 송은범, 최정, 김광현 등 연고지 1차 지명 출신의 신

인들이 스타급으로 떠오르기 시작하면서 고민을 상당히 덜어가고 있다.

2007~2008년, 2010년 우승을 차지한 것을 비롯해 2000년대 후반의 독보적인 강팀으로 자리 잡고 있다. 하지만 문제는, 한국야구의 트렌드메이커인 김성근 감독 이후가 될 텐데, 아직은 그림을 그리기 어려운 팀이라는 점이다. 2군 연습장과 선수단 문화 등 강팀의 체질이라고 할 만한 것들이 아직 안착되지는 못한 형편이기 때문이다.

에이스 오브 에이스

1995년 8월 31일, 광주 경기에서 해태 타이거즈의 3년차 투수 이대진은 시즌 12승에 도전하고 있었다. 하지만 그는 경기가 시작되자마자 1회초에 동료 수비수들의 실책으로 두 명의 주자를 내보내놓은 상황에서 뒷날 전설적인 홈런왕으로 자라나게 되는 삼성의 고졸신인 이승엽에게 홈런을 맞고 말았다. 제대로 판을 벌이기도 전에 재가 뿌려진 격. 화도 나고 짜증도 나고 원망도 끓어오를 만한 상황이었다.

하지만 그 순간 그의 얼굴에 스쳐지나간 것은 엷은 미소였다. 그리고 비로소 잠에서 깨어났다는 듯 머리를 몇 번 휙휙 저어보더니 그는 새삼 경쾌하게 공을 뿌려대기 시작했다. 그를 상대하던 삼성 타선이 그날 그 순간 이후 이대진으로부터 뽑아낸 것은 9회 초 양준혁의 짧은 안타 하나가 전부였다. 3점을 먼저 내준 뒤부터 이어진 8이닝의 노히트노런. 2안타 3실점의 완투패. 그가 '에이스(Ace) 오브 에이스'라는 별명을 얻게 된 것은 어린 나이에도 불구하고 주눅 들지 않고 다른 팀 에이스들과 맞대결을 벌여 차례차례 꺾어나갔기 때문이기도 했지만, 바로 그날의 경기에서처럼 상황과 성적에 무관하게 최선을 다함으로써 동료들의 마음을 묶어내는 힘이 있었기 때문이다. 그래서 에이스란 그저 잘하는 투수 이상의 것을 의미하는 말이다.

에이스는 '잘 던지는 투수'만을 의미하는 데서 그치지 않는다. 극단적으로 말하자면, 에이스는 그 팀에서 가장 잘 던지는 투수를 가리키는 것도 아니다. 에이스란 팀 동료들의 가장 큰 믿음을 얻는 투수를 말하며, 믿음을 얻기 위해서는 잘 던지는 것만으로는 부족하기 때문이다. 끝내 포기하지 않는 집념, 그리고 그가 포기하지 않는 한 같은 팀의 그 누구도 포기해야 할 이유가 없음을 보여주는 경기 운영, 그리고 끝내 실패한 뒤라도 동료들의 어깨를 두드리며 웃음을 보일 수 있는 넉넉함. 믿음이란 그런 곳에서 나오는 것이기 때문이다.

경기 초반에 비자책점이라도 서너 점 뺏기며 승수 챙기기 글러진 날이다 싶으면 의욕이 뚝 떨어진 표정으로 거푸 땀이나 닦아내고 혼잣말을 중얼거리며 '볼질'을 해대는 투수라면, '긁히는 날'마다 노히트노런을 기록한다고 해도 에이스라고 불러주기 거북하다. 승리투수가 된 날 동료들이 덩달아 두세 배 기뻐하게 만들지 못하고, 패전투수가 된 날 동료들이 괜히 미안해 고개를 들지 못하게 하지 못한다면 에이스라는 칭호는 분에 넘친다.

투수들의 전문화와 분업이 일반화되고 완투가 드물어진 시대, 에이스라는 말의 무게감도 갈수록 줄어들고 있긴 하다. 그리고 한두 명의 카리스마보다는 모든 선수들이 제 몫을 하는 플레이로 짜맞추어가는 것이 현대야구의 대세이기도 하다.

하지만 톱니바퀴처럼 물려 돌아가는 요즘의 기업에서도 직원들이 충성을 하거나 사표를 던지는 가장 큰 이유는 '동료직원, 특히 리더와의 관계'이며, 그 비중은 갈수록 더 커져가고 있다. 단단한 조직일수록 그 전체를 움직이는 것은 희망 아니면 절망이며, 희망과 절망의 실체를 보여주는 것은 사람의 얼굴이기 때문이다. 오늘날의 야구팬들이 에이스에 대한 향수와 갈망을 여전히 버리지 못하는 이유다.

가상의 근육강화제, 에프에이로이드

자유계약선수(FA ; Free Agent)와 스테로이드(steroid ; 금지약물인 근육강화제)의 합성어. 특급선수들에게만 국한된 이야기이긴 하지만, 선수 인생에서 딱 한두 번 많게는 수십억 원까지도 만져볼 수 있는 기회인 FA 계약에 대한 의욕이 선수들에게 스테로이드 못지않은 힘을 보태준다는 의미.

이전까지 9시즌 동안 평균적으로 타율 .251, 홈런 7.66개, 타점 36.22점을 기록하고 있던 조인성은 2007년 시즌 타율 .282, 13홈런, 73타점이라는 생애 최고의 성적을 냈다. 그리고 이전까지 10시즌 동안 57승 74패, 평균자책점 4.41을 기록하고 있던 이상목이 2003년에 기록한 15승 7패, 평균자책점 3.54 역시 그의 개인 생애 최고였다. 그 두 사람의 생애 최고기록이 세워진 것은 각기 FA 자격 취득을 앞둔 시즌에 이루어진 것이었고, 그 결과 두 사람은 각각 4년간 34억 원과 22억 원짜리 계약을 맺는 대박을 터뜨릴 수 있었다. 'FA로이드'는, 그래서 인간의 의지가 어느 만큼 강력한 힘을 가지고 있는지를 실증하는 사례이기도 하다.

하지만 FA로이드의 효과는 대개 지속성이 짧은 것으로 알려져 있다. 앞서 살펴본 조인성의 경우 계약 후 2년간 평균 타율 .220, 42타점으로, 이상목의 경우 계약 후 5년간 28승 34패, 평균자책점 4.10으로 '되돌아' 왔다.

이런 점에 대해 '화장실 들어갈 때 다르고 나올 때 다르다'는 인간 심리의 단면을 보여준다는 설명도 가능하지만, 사실 FA로이드라는 것 자체가 대박 FA 계약을 앞두고 불법약물에 대한 유혹을 뿌리치지 못한 몇몇 선수들의 일탈을 보여주는 증거에 불과하다고 헐뜯는 이들도 있다. 한국과는 조금 경우가 다르지만, 미국 메이저리그에서는 실제로 대형 FA 계약을 앞둔 선수들이 약물의 힘을 빌려 성적을 급상승시키는 일이 종종 생기기도 한다.

LG 트윈스

프로 원년에 서울을 연고지로 창단했던 MBC 청룡을 인수해 1990년부터 한국 프로야구에 참가하고 있다. 특히 창단 원년인 1990년에 곧바로 우승하면서 프로무대의 중심으로 진입했고, 1994년에 다시 한 번 우승하며 90년대 초중반기의 최강팀으로 군림했다. 하지만 1990년대 후반부터 기울기 시작해 2000년대 내내 대부분 하위권에 머물렀고, 대형 FA 계약과 감독 영입 등으로 발버둥쳤지만 여전히 재기의 기미를 보이지 못하고 있다.

그래서 팬, 돈, 유망주, 시장, 전통. 갖출 것은 모두 갖추고 있지만 마음대로 되는 것이 없는 팀으로 불린다. 혹은 달리 표현하자면 이렇게 될 수도 있다. "90년대 초중반에는 '한국의 뉴욕 양키스'가 될 줄 알았지만 2002년 가을 이후 하루아침에 '그냥 LG 트윈스'로 주저앉은 팀."

MBC 청룡

프로 원년인 1982년부터 1989년까지 리그에 참가했고, LG그룹에 매각되어 1990년부터는 LG 트윈스로 간판을 바꾸어 달았다. 지금까지도 청룡을 제외하면 영어가 아닌 한자로 된 이름을 가진 팀은 없었다.

4할 타자 백인천과 역사상 최고의 유격수 김재박의 팀이었고, 사구(死球)왕 김인식, 원조 레이저 송구 외야수 신언호 등 개성 있는 스타들을 많이 배출한 팀이었다. 특히 일찍부터 넓은 잠실야구장을 홈으로 사용하다 보니 그리 된지는 모르지만 홈런에 의존하기보다는 짧은 안타와 빠른 발을 활용한 역동적인 움직임을 자랑하는 매력적인 야구를 구사하던 팀이었다.

뒤를 이은 LG 트윈스가 별다른 관심을 보이지 않는 탓에 이젠 팬들의 기억 속에서 거의 흐릿해져버린 이름이다. 여전히 올드유니폼 제

작과 '청룡데이' 행사 개최를 요구하는 팬들은 있지만, 목소리의 울림
은 점점 잦아들고 있는 형편이다.

하지만 역사적인 1982년 3월 27일의 프로야구 개막전에서 이종
도의 10회말 끝내기 만루홈런으로 한국 프로야구 첫 승리를 따낸, 그
래서 프로야구의 시작과 끝을 논할 때마다 절대 빠질 수 없는 팀이기
도 하다.

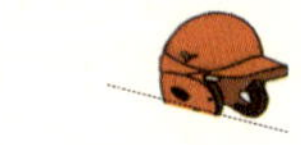

용병의 두 얼굴

1998년부터 한국 프로야구는 외국인 선수에게 문호를 개방했다. 팀당 2명의 제한이 있었고, 연봉에도 상한선이 설정되었지만, 전혀 다른 체형과 신체능력, 야구문화를 가진 이들과 일상적으로 뒤섞여서 경기를 한다는 것은 한국의 선수들에게 이전까지와는 완전히 다른 환경을 경함하게 하는 획기적인 변화였다.

그동안 한국을 다녀간 선수들은 주로 미국 마이너리그 AAA의 상위급 수준이었고, 메이저리그 경력을 가진 이들은 대개 전성기를 지냈거나 밀려난 채 재진입의 희망을 가지기엔 너무 나이를 먹어버린 경우가 많았다. 첫 해 들어온 스콧 쿨바(현대)와 타이론 우즈(두산)를 시작으로 호세(롯데), 데이비스(한화), 리오스(두산) 등 짧은 시간 동안 이미 한국야구사 곳곳에 굵은 족적을 남긴 거물들도 많았지만 숀 헤어(해태), 탐 션(삼성) 등 한국야구의 수준을 지나치게 얕보다가 망신만 당하고 돌아간 이들도 적지 않았다.

한 세대 이전의 재일교포 선수들이 야구에 대한 새로운 기술과 관점을 손수 시연해 보이며 직접적인 자극을 준 이들이었다면, 1998년 이후 들어온 미주 출신의 외국인 선수들이 한국야구에 미친 영향은 다소 간접적이다. 한국인 선수들이 그들의 플레이를 보고 모방하면서 무언가를 배웠다기보다는 그들처럼 색다른 스타일과 색다른 파워를 지닌 선수들을 일상적으로 상대하면서 더 많은 것을 모색하고 성장할 수 있도록 하는 동인(動因)이 되었다는 점에서 그렇다.

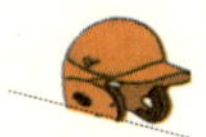

와일드피치와 패스트볼

야구장의 홈플레이트 뒤쪽으로는 최소한 18.29m 이상의 빈 공간이 있다. 따라서 주자가 있는 상황에서 투수가 던진 공을 포수가 잡지 못하고 뒤로 빠뜨리면 다시 공을 줍기 위해 한참을 달려가야 하기 때문에 그 사이에 상대팀 주자에게 진루를 허용할 가능성이 높다. 그런 상황을 가리키는 야구용어는 그것이 투수의 책임인가, 포수의 책임인가에 따라 달라진다.

투수가 정상적으로 던진 공을 포수의 실수로 잡지 못했을 경우에는 패스트볼(passed ball)혹은 포일(捕逸)이라고 하며 포수의 실책으로 기록한다. 만일 그 상황에서 상대 팀에 점수를 내주었다고 하더라고 투수의 자책점으로 기록되지는 않는다.

하지만 포수가 도저히 잡을 수 없는 공이 던져진 경우에는 와일드피치(wild pitch) 혹은 폭투(暴投)라고 하며, 투수의 실책으로 기록된다. 그리고 그 상황에서 상대 팀에 점수를 내주었을 경우에는 물론 투수의 자책점으로 기록된다.

하지만 어디부터 와일드피치이고 어디부터 패스트볼인지를 구분하는 뚜렷한 기준이 있는 것은 아니다. 투수와 포수 사이에 서로 사인에 대한 이해가 달랐을 경우에도 종종 공이 뒤로 빠지게 되는데, 이런 경우 어느 쪽에 사인을 오해한 책임이 있는지는 두 사람의 이야기를 직접 들어보기 전에는 알기 어렵기 때문이다. 그리고 특히 한국의 투수들도 최근에는 유인구로 포크볼이나 체인지업처럼 떨어지는 구종을 즐겨 사용하다 보니 원 바운드로 들어간다고 해도 미리 약속된 것이라면 반드시 투수 책임이라고 할 수 없기 때문이기도 하다.

야구장에서 벌어지는 대부분의 애매한 상황에 대한 기록이 그렇듯, 이 경우에도 최종적인 결정권은 기록원에게 있다. 하지만 이 경우는 '안타냐 실책이냐'의 경우보다는 기록원에게 그나마 덜 스트레스가 지워지는 상황이다. 어차피 한 팀의 동료 선수들 중 한 사람이, 그것도 어차피 한 몸이나 다름없는 투수와 포수 사이에서 나누어 가지면 되는 짐이기 때문이다.

승패로 기록되지 않은 완투와 완봉

선발투수가 한 경기를 혼자 힘으로 마무리하는 것을 완투라고 하며, 완투하는 동안 한 점도 내주지 않는 경우에는 완봉이라고 한다. 일반적으로 한 경기가 9이닝까지 진행되기 때문에 완투도 '9이닝 투구'를 의미하는 것이 일반적이지만, 연장전으로 이어질 경우에는 더 긴 이닝을 던지는 상황도 벌어질 수 있다.

최근에는 투수의 건강과 선수생명 관리 차원에서 선발투수의 한 경기 투구수를 100개 안팎으로 제한하는 것이 일반적인 추세다. 따라서 효율적인 투구수 관리가 이루어지는 날이라고 하더라도 선발투수가 7회 이상을 던지는 경우는 흔히 보기 어렵게 되었으며, 완투나 완봉은 더더욱 보기 어려운 진귀한 기록이 되어가고 있다. 하지만 과거에는 완투기록이 선발투수의 능력을 재는 척도 중 하나였으며, 에이스라 불리는 투수들에게 있어서는 자신의 존재감을 과시하는 수단이기도 했었다.

전설적인 완투 승부로는 1987년 5월 16일, 당대 최고의 명투수

선동열과 최동원이 사직구장에서 벌인 15이닝 완투 맞대결을 들 수 있다. 그날 이전까지 두 차례의 맞대결에서 각각 1승 1패를 기록한 두 투수는 당대 최고 투수의 명예와 자존심을 걸고 버텼고 결국 무승부로 경기가 마무리될 때까지 단 두 점씩만을 내준 채 15회까지의 공방전을 혼자 힘으로 끌고 갔다. 그 과정에서 선동열은 232개의 공을, 최동원은 209개의 공을 던져야 했다.

투수들의 명성은 떨어지지만, 그 못지않은 역사적인 완투승부가 벌어진 적도 있었다. 선동열-최동원 완투맞대결 한 해 전인 1986년 7월 27일이었는데, 주인공은 청보의 재일교포 투수 김신부와 해태의 차동철이었다. 두 투수는 인천구장에서 벌어진 그 경기에서 각각 15회를 완투하면서 단 한 점도 내주지 않았고, 10피안타 6삼진(차동철), 8피안타 10삼진(김신부)의 기록을 각각 남겼다. 두 명의 투수가 동시에 완봉을 하고도 승리를 얻지 못한 것은 차동철과 김신부가 한국 프로야구 역사에서 유일하다.

반면 팀 사정 때문에 수많은 안타와 실점을 허용하면서도 끝까지 경기를 혼자 힘으로 맡아야 하는 경우도 생기는데, 그러면서도 승리를 거둔 특이한 경우도 가끔 나오게 된다. 한국 프로야구에서 최다실점 완투승 기록은 1984년 5월 1일 해태를 상대로 9점을 내주면서도 끝까지 경기를 마무리하며 승리투수가 된 오영일 선수가 가지고 있다. 그리고 승리를 거두지 못했지만 가장 많은 점수를 내주면서도 완투한 기록은 1999년 삼성에게 14점을 내주며 완투한 OB 베어스의 김유봉 선수가 가지고 있다.

통산 최다 완투는 무려 100번의 경기에서 완투한 롯데의 윤학길이, 한 시즌 최다완투 기록은 무려 36번 완투하며 16번 완투승을 거둔 1983년 삼미 슈퍼스타즈의 장명부가 가지고 있다.

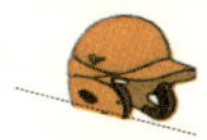

월드베이스볼클래식(WBC)은
왜 챔피언십이 아닌가?

세계적인 관점에서 보자면, 축구를 즐기는 인구가 전 세계에 고르게 퍼져 있는 것에 비해 야구는 북미와 동북아시아 등 일부 지역에서만 즐기는 스포츠라는 한계를 가지고 있다. 그리고 그 한계의 가장 중요한 요인으로 지적되는 것이 축구에는 4년에 한 번씩 열려 전 세계인들을 열광시키는 월드컵이 있는 것과 달리 야구에는 최고 권위의 국가대항전이 없다는 점이다. 물론 야구에도 세계야구선수권대회나 올림픽, 월드컵 같은 국제대회들이 있지만 프로선수들의 출전이 제한되거나, 적극적으로 권장되지 않음으로 인해 최고의 플레이를 볼 수 있는 무대라고 하기는 어렵다.

2006년 제1회 대회를 시작한 월드베이스볼클래식(WBC)은 야구의 월드컵을 표방하는 국제대회다. 그래서 프로선수들에게도 출전의 기회가 활짝 열려 있을 뿐만 아니라, 국적이 다르더라도 핏줄에 따라 조국, 혹은 모국의 대표선수로도 출전할 수 있도록 유연한 규정을 적용해 야구의 인기와 수준이 낮은 국가들의 참여를 유도하고 있다.

첫 대회는 2006년 3월 3일부터 3월 20일까지 열렸으며 2회 대회
는 3년 뒤인 2009년 3월 5일부터 3월 23일까지 진행되었다. 두 번
의 대회에서 모두 우승은 일본이 차지했으며, 한국 역시 4강과 준우
승이라는 기대 이상의 성적을 거두었다. 반면 우승이 당연시되던 주
최국 미국을 비롯해 메이저리거들이 즐비한 도미니카, 베네수엘라,
혹은 아마야구 최강 쿠바 등은 기대 이하로 부진한 성적을 거두어 이
변을 낳았다. 세계적인 흐름에 눈과 귀를 닫은 채 빠른 공을 던지고,
강한 타구를 날리는 것에만 집중해온 쿠바야구와 선수 개개인의 능
력에 의존한 미국, 혹은 중남미 야구가 최소한 단기전에서는 많은 약
점을 노출한다는 점이 드러난 것이다.

반면 한국과 일본의 경우 병역면제 혜택과 민족주의적 감성 등을
구심점 삼은 강한 동기 위에 개인의 기량보다는 팀워크로 승부하는
특징, 그리고 상대팀의 약점을 찾아 집중공략하는 분석야구의 세밀함
으로 더 많은 강점을 가진 팀들을 잇달아 꺾는 저력을 발휘했다. 말하
자면 '자부심과 자존심으로 가득차서 몸이 무거운' 중심부보다 '변화
와 학습을 두려워하거나 거부하지 않는, 기동성 있는' 주변부가 훨씬
빠르게 발전한다는 역사의 진리를 야구장 안에서 증명한 것이다.

월드베이스볼클래식은 좋은 성적을 거둔 한국과 일본에서 야구 열
기를 더욱 확산시키는 한편 미국을 비롯한 세계 야구계에 아시아 야
구에 대한 관심을 고조시켰다. 그리고 제3회 대회부터는 하계올림픽
과 월드컵(축구)이 열리는 해를 피해 4년마다 개최할 예정이다.

하지만 짧은 기간 내에 거둔 성과들 못지않은 파행과 문제점들이

지적되고 있는데, 그 대부분은 주최자가 국제야구기구가 아닌 미국의 메이저 리그(MLB) 사무국이라는 점에서 비롯된 것들이다. 우선 명칭 자체가 '챔피언십'이 아닌 '클래식'인 것부터가 세계 최고의 야구 무대는 메이저리그라는 자부심 아래 국제대회를 올스타전(미드 써머 클래식Mid Summer Classic)과 같은 수준의 '번외행사'로 국한시키려는 의도에서 비롯되었다는 지적이다. 또한 1회 대회 때 보통 국제대회의 일반적인 방식인 교차 토너먼트(1조의 2위와 2조의 1위를 맞붙이는 식으로, 같은 조의 팀들이 다음 라운드에서는 맞붙지 않도록 대진을 짜는 방식) 대신 조별 리그를 거쳐 올라온 팀들이 또다시 같은 조의 팀과 맞붙도록 대진을 짠 것, 혹은 2회 대회에서도 '더블 엘리미네이션'이라는 기괴한 규칙을 도입해 우승후보인 한국과 일본, 쿠바 등을 한 조에 밀어넣은 채 반복해서 서로 경기를 갖도록 하고 미국 자신은 손쉽게 4강에 진출하려는 꼼수를 썼다는 점도 논란이 되었다. 심판들 역시 메이저리그나 마이너리그에서 활동하던 심판들을 그대로 기용함으로써 미국 중심적인 편파판정들이 속출하도록 한 것 역시 문제로 지적되었다.

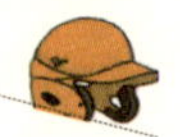

어떤 콤플렉스, 왜색야구

2000년대 후반 한국 프로야구계에서 가장 두드러지게 관찰되는 '집단적 편견'의 사례.

번트를 자주 대고, 선수를 자주 교체하고, 사인을 훔치거나 고의로 상대 타자의 몸을 맞히는 빈볼을 지시하는 부도덕을 서슴지 않고, 승부에 지나치게 집착해 상대에 대한 예의를 지키지 않는 야구를 가리켜 비난하는 말. 구체적으로는 2007년 시즌부터 SK 와이번스의 감독을 맡고 있는 김성근 감독의 야구관을 비난하는 이들이 주로 사용하는 말이다.

하지만 김성근 감독이 실제로 사인 훔치기나 빈볼 투구를 지시했다는 점이 사실로 확인된 적은 한 번도 없으며, 번트와 선수교체가 잦은 것은 김성근 감독의 야구만이 가지는 특징도 아니다. 더구나 김성근 감독이 일본 프로야구팀들 중 어느 팀의 스타일을 모방하고 있다고 적시할 수 있는 것도 아니다. 사실 '왜색(일본식)'이라는 이름이 붙은 것 역시 구체적인 일본적 특징과의 연관성보다는 김성근 감독이 재일교포 출신이라는 점과 일본이라는 나라에 대한 한국 대중의 반감을 활용한 비열하고 무책임한 딱지붙이기의 결과라고 보는 것이 옳다.

실제로 그것은 '가난하고, 그러다 보니 돈 앞에서 치사하거나 비열한 짓을 서슴지 않고, 사람을 배신하는 일이 잦다'는 식으로 특정 지역을 비하하는 사고형태, 또는 '현실에 대한 불만이 많고, 그러다 보니 사고와 행동 하나하나가 과격하며, 현 정부의 가장 반대편에 서 있는 북한의 공산당 정권과 짝짜꿍이 맞는다'는 식으로 연결되는 색깔론(레드컴플렉스)과 거의 동일한 구조를 가지고 있다.

특정한 스타일의 야구를 좋아하거나 싫어하는 것은 어디까지나 취향의 문제이며 취향은 존중받아야 한다. 하지만 근거 없는 사실을 조작해 누군가의 야구를 모독하고 매도하는 것은 범죄이며, 그것을 대중의 편견에 실어 퍼뜨리는 것은 악질적인 선동이다.

분명한 것은 김성근 감독의 야구뿐만 아니라 일본 야구 자체도 취향 여부를 넘어 누구에게나 배척되고 비난받아야 할 악덕의 덩어리는 아니라는 점이다.

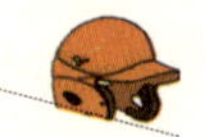

20-20 클럽과 30-30 클럽

한 시즌에 홈런과 도루 모두 20개 이상을 기록하는 것을 말한다. '클럽'이란 소수의 가입자, 혹은 회원이라고 표현하지만 따로 모임을 가지는 실체적인 클럽은 아니다.

홈런을 많이 때릴 수 있는 장거리 타자라면 기동성이 떨어지고, 도루를 20개 이상 기록할 수 있는 빠른 타자라면 타격의 파괴력은 떨어지는 것이 일반적이다. 따라서 20-20클럽 가입자, 즉 홈런과 도루를 동시에 20개 이상 기록할 수 있는 타자라면 파괴력과 빠르기를 동시에 겸비한 이상적인 타자인 '호타준족'으로 인정받을 수 있다.

우리나라에서는 1989년에 해태 타이거즈의 김성한이 최초로 26홈런 - 32도루를 기록하면서 클럽을 개설했고, 이후 2009시즌까지 장종훈, 이정훈, 박재홍, 양준혁, 이종범 등 33명의 회원을 배출해냈다.

하지만 1996년 현대 유니콘스에 입단한 박재홍이 30홈런과 36도루를 성공시키며 '30-30 클럽'을 개설한 뒤로는 20-20의 상징적 의미가 크게 떨어지는 추세다. 박재홍은 통산 세 차례나 30-30을 달성하며 그 이름으로 호타준족을 상징하는 선수가 되었으며, 그 외에 이종범, 이병규, 홍현우, 제이 데이비스 등이 한 차례씩 30-30을 달성한 바 있다.

박재홍이 장타력을 기본으로 하면서 도루능력까지 갖춘 경우라면, 반대로 빠르기를 기본으로 하면서 장타력 면에서도 결코 처지지 않는 재능을 과시한 경우는 이종범인데, 그는 20-50을 두 차례, 30-60을 한 차례 돌파하며 또 다른 의미의 완성형 타자로 인정을 받기도 했다.

이영민 타격상

이영민은 한국 야구사에서 등장하는 첫 번째 영웅이다. 그는 식민지 시대에 한국인으로서는 공식경기에서 처음으로 홈런을 기록한 선수이며(1928년 경성운동장, 제2회 경성의전-연희전문 정기전) 일본의 국가대표 선수로 선발되어 베이브 루스가 포함된 미국 메이저리그 선발팀과의 경기에 출전하기도 했었다. 그 뿐만 아니라 축구에서도 조선지역 대표 선수로 선발된 적도 있을 만큼 여러 방면의 재능을 가진 사람이기도 했다.

현역에서 은퇴한 이후에는 조선야구협회 초대 이사장을 지냈으며, 각종 국제 야구회의에 한국대표로 참석하기도 했고 대한야구협회 부회장과 아시아 야구연맹 대한민국 대표를 지내기도 했다. 대한야구협회에서는 그의 공로를 기념하기 위해서 1958년부터 '이영민 타격상'을 제정하고 해마다 그 해 고교야구 공식경기에서 가장 높은 타율을 기록한 선수를 뽑아 시상하고 있다.

하지만 프로야구에서는 한동안 '이영민 타격상의 저주'라는 말이

나돌기도 했다. 해마다 고교야구 최고의 타자들에게 주어지는 상임에도 불구하고 그 수상자들 중 프로무대에서 뚜렷한 활약을 보이는 경우가 기대만큼 많지 않았기 때문이다.

물론 원년의 '4할 타격왕' 백인천과 사상 첫 '타격 3관왕' 이만수처럼 프로무대에서도 최고의 타자로 군림한 이영민 타격상 수상자들이 없지는 않았다. 하지만 그 이상의 기대를 모았던 김건우, 강혁, 조현, 신민기 등이 부상을 비롯한 불운 때문에 별다른 족적을 남기지 못했고 김건덕처럼 프로무대에 데뷔조차 하지 못한 채 사라져간 이들도 많았기 때문이다.

애초에 합리적인 설명이 어려운 현상이기에 '저주'라는 이름이 붙기도 했지만, 그것은 그만큼 이영민 타격상이 프로선수로서의 대성을 기대하게끔 하는 선수들에게만 주어지는 상이라는 점을 반증한다.

최근에 타격왕을 차지한 김현수를 비롯해 차세대 국가대표 주전 3루수로 꼽히는 최정 등이 이영민타격상을 받았었다.

인사이드 더 파크 홈런

타구가 펜스를 넘기지 않고 그라운드 안에 머물렀음에도 불구하고 타자가 1루, 2루, 3루를 돌아 홈까지 들어오는 경우에 흔히 '러닝홈런'이라거나 '그라운드홈런'이라고 한다. 하지만 정확한 표현은 '야구장 안에서 만들어진 홈런'이라는 뜻의 '인사이드 더 파크 홈런(Inside the park home run)'이다. 우리말로 옮긴 것들 중에서는 '장내홈런'이 의미 면에서 가장 정확한 표현이다.

인사이드 더 파크 홈런은 펜스를 넘긴 일반적인 홈런과 동일한 기록상의 지위를 인정받으며, 따라서 타자의 홈런 순위 등을 정할 때도 똑같이 합산된다. 하지만 이 경우 공이 펜스를 넘기지 않았기 때문에 당연히 통상적인 홈런과는 달리 타자와 주자들에게 홈까지의 '안전진루권'은 주어지지 않는다. 따라서 타자와 주자들은 전력질주를 통해 홈으로 쇄도해야 하고, 공이 먼저 중계되어 태그가 이루어지면 아웃이 되며 기록 역시 인정되지 않는다. 그리고 주자와 타자들이 모두 무사히 홈에서 세이프가 되었다고 하더라도 야수들의 실책이 인정될 경우에는 홈런이 인정되지 않으며 '야수실책' 혹은 '원 히트 원 에러' (one hit one error)로 기록된다.

인사이드 더 파크 홈런을 좀처럼 보기 어려운 것도 바로 그 때문이다. 야수의 실책이 전혀 없는 가운데서도 타석에서 출발한 타자가 홈까지 질주하기 위해 필요한 최소한 12초 안팎의 시간 동안 (각 베이스 사이의 거리는 27.43미터이기 때문에 타석에서 출발해서 1,2,3루를 돌아 홈 플레이트로 돌아오기까지 달려야 하는 거리는 109.72미터가 된다) 공이 홈까지 중계되지 못하는 특이한 상황이 연출되어야 하기 때문이다. 그래서 인사이드 더 파크 홈런이 종종 연출되는 것은 비교적 외야가 큰 야구장에서 짧은 안타성 타구를 노 바운드로 잡기 위해 극단적으로 전진하던 외야수가 공을 뒤로 멀리 빠뜨리는 경우, 혹은 슬라이딩 캐치를 시도하다가 충격을 입고 후속동작을 원활하게 해내지 못하는 경우다. 하지만 주변의 야수들이 적절한 백업수비를 한다면 이루어지기 어려운 일이라는 점에서 실책의 요소가 전혀 들어 있지 않은 인사이드 더 파크 홈런이란 나오기 쉽지 않다.

한국 프로야구에서는 2009년 시즌까지 모두 67개의 인사이드 더 파크 홈런이 나왔으며, 롯데 자이언츠에서 은퇴한 김응국이 1991년과 1993년, 1994년에 한 번씩 모두 세 번 성공시켜 역대 최다기록을 가지고 있다. 1994년에는 홈런왕 경쟁을 벌이던 김경기(태평양 돌핀스)와 김기태(쌍방울 레이더스)가 시즌 중 똑같은 23개의 타구를 펜스 너머로 날렸지만 김기태가 두 번의 인사이드 더 파크 홈런을 기록하면서 25개로 홈런왕에 올랐던 적이 있다.

인필드플라이

무사나 1사, 그리고 주자 1, 2루 혹은 만루 상황에서 야수가 충분히 잡을 수 있는 내야 뜬공이 나왔을 때 야수가 실제로 공을 잡기 전에 미리 심판이 플라이아웃을 선언하는 것을 말한다. 만약 그렇게 하지 않을 경우 수비수가 일부러 공을 떨어뜨린 다음, 플라이아웃을 예상해 각각 루에 발이 묶여 있는 주자를 포함해 두 명 이상 잡아낼 수 있기 때문이다.

심판의 능력이나 수비수들의 수비실력이 부족하고, 불균등한 아마추어 야구에서는 인필드플라이(Infield-fly)가 종종 시비의 발단이 되기도 한다. 수비수의 능력에 비추어 사실상 잡기 어려운 공이었는데도 불구하고 인필드플라이가 선언되는 경우도 있고 반대로 쉽게 잡힐 만 한 공이었는데도 인필드플라이가 선언되지 않거나, 너무 늦게 선언됨으로써 양팀 선수들을 모두 혼란에 빠뜨리는 경우도 있기 때문이다.

야구로 밥을 벌어먹는 선수들의 프로무대에서는 인필드플라이 선

인필드 플라이

언을 놓고 시비가 벌어지는 경우가 많지 않다. 그러나 2010년 5월 12일 부산 사직야구장에서 벌어진 SK와 롯데의 경기에서는 인필드 플라이 선언 때문에 보기 드문 해프닝이 벌어지기도 했다. 그날 5회 말 1사 1, 2루 상황에서 이대호가 친 공이 애매한 높이로 떠올랐다가 투수와 2루수, 유격수의 사이에 떨어지자 원 바운드로 공을 잡은 투수 송은범은 3루로 공을 던졌고 3루심은 포스아웃을 선언했다. 하지마 이미 ㄱ 전에 주심 오훈규기 인필드플라이를 선언한 상태였고, 선수들은 물론 3루심조차도 그 사실을 모른 채 플레이를 하고 판정을 내려버렸던 것이다.

결국 주심은 인필드플라이 선언을 했음을 알리고 그에 따라 태그아웃 처리가 되지 않은 3루 주자 손아섭에게 내려진 아웃판정을 번복해 세이프 처리를 하면서 3루수 최정에게 실책 하나를 주는 것으로 상황을 마무리했다. 하지만 수비 팀인 SK 입장에서는 2사 1, 2루가 되어야 하는 상황이 2사 2, 3루로 변하는 피해를 입을 수밖에 없었고, 자세한 내막을 들을 수 없었던 현장의 관중들 역시 앞뒤 사정도 모른 채 경기상황이 뒤바뀌는 답답한 상황을 감수해야 했다. 쉽게 잡을 수 있다고 하기에는 너무 낮게 떴던 공에 주심이 무리하게 인필드플라이를 선언한 점, 그리고 주심의 판정을 1,2,3루심도 인지하지 못한 채 포스아웃 판정을 내린 점 때문에 빚어진 문제였다.

재일교포 야구 선수의 비애

프로야구 초창기, 성급하게 출범하느라 선수층도 얇았고, 팀간 전력 차도 엄청났던 문제를 해결하기 위해 수입되었던 해외자원들. 실제로 일본 국적을 가지고 있었고 (한국 국적이 아니었고) 대부분 한국어를 구사할 줄 몰랐던 실질적인 외국인들이었지만, 편의상 그냥 혈통에 따라 한국인으로 인정함으로써 '문호개방'이라는 난제를 우회해간 결과였다.

일본 프로야구 무대에서는 일찍부터 많은 한국출신들이 활약하고 있었고, 최고의 자리에까지 오른 이들도 적지 않았다. 그것은 일본 사회가 한국출신들에게 무척이나 촘촘한 차별의 장벽을 둘러치고 있었다는 사실을 반영하는 것이기도 하다. 한국의 젊은이에게 맨몸으로 맞서며 승부를 볼 수 있는 야구장이, 혹은 링이나 연무장이 그나마 뚫어볼 수 있는 세상의 얇은 벽이었기 때문이다.

일본 프로야구에서 활약했던 한국출신들 중 가장 높은 곳에 기록된 이름은 장훈(하리모토 이사오)과 김정일(가네다 마사이치. 귀화하기

전의 한국 이름은 김경홍)이었다. 어릴 적 사고로 오른 손 약지와 새끼손가락이 붙어버리는 장애를 입은 장훈은 피나는 훈련 끝에 왼손 타자가 되었고, 23년간 무려 7번이나 타격왕에 올랐으며, 아직도 통산 최다기록으로 남아 있는 3085개의 안타를 때려냈다.

일본 역사상 최고의 타자 중 한 명이 된 것이 장훈이라면, 투수로서 이론의 여지없이 단 한 명의 최고 자리를 차지한 것은 김정일이었다. 그는 1950년부터 20년간 투수로서 활약하며 다승과 평균자책점 부문의 타이틀을 각각 세 번씩 차지하며 역시 세 번 사와무라 상을 수상했고, 탈삼진 부문에서는 10번이나 1인자로 군림했다. 투수로서 944경기에 등판한 것 외에 타자로서도 1,053경기, 2233번 타석에 들어섰으며 퇴장도 8번이나 당했을 만큼 높은 자존심과 거친 성격으로도 유명했다. 통산 400승과 365완투, 5526.2이닝 투구, 4490탈삼진은 지금까지 깨지지 않는 일본 프로야구 통산 최다기록이며 그 모든 것을 종합해 '천황'으로 불리기도 했다.

그들을 바라보며 야구를 시작했고, 우여곡절 끝에 고국 무대를 밟게 된 장명부, 김일융, 김무종, 홍문종, 고원부 등은 저마다 한국 무대에서 최고의 실력을 과시했을 뿐만 아니라 투구, 투수 리드, 타격, 주루 등의 영역에서 '프로의 수준이란 어떤 것이어야 하는가'를 선보여준 이들이었다. 그리고 그들은 프로선수로서 당연히 가져야 할 정신적-심리적 자세로부터 몸을 관리하는 법, 훈련하는 법, 구질 하나하나와 상대선수를 분석하는 요령까지 한국야구를 가르친 '야구전도사 집단', '야구 과외교사 집단'이라고 할 수 있었다.

하지만 일본에서의 차별에 멍든 채 은근히 조국의 위로를 기대했던 그들은 한국에서 오히려 더 유별난 차별을 당하며 이중의 상처를 입고 말았다. 내내 일본어로 의사표현을 할 수 밖에 없었던 그들은 한국인들의 막연한 반일정서와 야구계의 집요한 연고주의의 덫에 걸려들어 늘 '반쪽발이'라는 비아냥거림을 들어야 했고, 오로지 살아남기 위해 일본 프로무대 밑바닥에서 구르며 체득한 프로근성과 자기관리는 흔히 '돈 밖에 모르고 도무지 희생이라고는 없는 지독한 이기주의자'로 오해되어야 했다.

'내 고향은 현해탄'이라고 했던 장명부의 피눈물어린 한탄은 지금도 여전히 제대로 이해되지 못하고 있다. 장명부가 그저 '능글맞은 괴인'으로 회상되며 30대 중반 이상들의 술자리 안주거리로 씹히고 있는 것을 보면 그렇고, 재일교포 출신으로 한국에 뿌리를 박고 40년 이상 야구만을 생각하며 살아온 김성근 감독에게 여전히 '반쪽발이'라는 폭언이 따라붙는 것을 보면 그렇다.

저니맨과 자유계약선수(FA)

말 그대로 '떠돌이'다. 한 팀에서 오래 머물지 못하고 이 팀 저 팀을 전전하는 선수를 말한다. 하지만 원래 그 말이 생겨난 미국과 한국에서 그 말은 조금 다른 의미를 가진다. 두 나라에서 선수와 구단의 관계를 설정하는 방식이 다르기 때문이다.

미국에서 선수가 팀을 옮기는 이유는 두 가지다. 팀에서 버림을 받았거나, 팀이 자신의 상황이나 적성에 맞지 않는 경우.

메이저리그가 FA(자유계약선수) 제도를 도입한 1976년 이후 선수에게 계약에 관한 선택권이 폭넓게 주어지게 되었다. 메이저리그에서 6시즌을 보낸 선수라면 누구나 자유계약을 할 권리를 얻게 되며, 그 선수와 새로이 계약을 맺는 구단은 원소속구단에 그 선수의 등급에 따라 이듬해의 신인지명권을 내주는 것으로 보상을 마치게 된다. 6년차 이상의 선수라면 누구나 구단과 서로 선택할 수 있는 기회를 가지게 되며, 따라서 그 기회를 활용해 자주 팀을 옮기는 선수라면 '구단의 입장에서 볼 때 가지기도 버리기도 애매한 계륵 같은 존재'거나

'선수 자신의 변덕이 심하거나 동료 선수들과 자주 충돌하는 선수'라고 볼 수 있다.

하지만 한국은 1999년부터 자유계약제도를 도입하고는 있지만, 1군에서만 9시즌을 머물러야 자격을 얻을 수 있을 뿐만 아니라 자유계약선수를 영입하려는 구단에서 원소속구단에 '전년도 연봉의 450%, 혹은 전년도 연봉의 300%와 18인의 보호선수 외에서 선택한 보상선수 1인'이라는 엄청난 보상을 해야만 한다는 차이점이 있다. 예컨대 2004년에 라이벌 팀 현대 유니콘스에서 자유계약선수 자격을 취득한 홈런타자 심정수를 영입했던 삼성 라이온즈는 2003년에 심정수가 현대에서 받았던 연봉 6억 원의 300%인 18억 원에다가 계약금 5억 원을 들여 선발했던 유망주 투수 이정호를 현대 측에 보상해야 했다. 물론 심정수 개인에게 주어야 하는 계약금 20억 원과 연봉 7억 5천, 옵션 2억 5천 등 30억 원은 별도로 계산해야 했다. 말하자면 삼성은 심정수를 얻기 위해 현금 48억 원과 5억 짜리 신인투수 한 명을 '출혈'해야 했다는 계산이 나온다.

따라서 한국에서는 수십억 원의 가치를 갖고 있는 거물급이 아니고는 자유계약을 통해 팀을 옮길 수 없다고 하는 것이 정확하다. 선수들이 드래프트를 받고 입단하는 시점부터 유니폼을 벗고 은퇴하는 시점까지, 팀을 옮기는 데 있어서 자신의 의지를 반영할 방법은 거의 없다는 것이다.

따라서 한국에서의 저니맨(Journey man)은 미국의 저니맨과 다를 수밖에 없다. 한국의 저니맨들은 자신의 선호와 결심과는 아무 상관

없이 여러 팀에서 버림받거나, 거래의 도구로 사용된 선수들이기 때문이다. 물론 그렇게 여러 번 오가는 과정에서도 끝내 유니폼을 벗지 않을 수 있었다는 것은 그만큼 야구 선수로서 크지는 않지만 가치를 가지고 있다는 점, 그리고 어떤 어려움 속에서도 선수생활을 이어가겠다는 분명한 의지를 가지고 있는 선수였다는 점을 증명하는 것이다.

한국에서 대표적인 저니맨으로 꼽히는 이들로는 1983년에 삼미 슈퍼스타즈에 입단한 이래 롯데, 빙그레, 태평양을 거쳐 삼성에서 옷을 벗은 이광길, 1992년 삼성에서 데뷔해 해태, LG, 한화, 쌍방울로 전전한 동봉철, 삼성에서 시작해 쌍방울, SK, 기아, 두산을 거친 1995년 신인왕 출신 이동수 등이 있다. 가장 많은 팀의 유니폼을 입었던 '역대 최고 떠돌이'는 역시 1994년 삼성에서 선수생활을 시작해 한화, LG, 기아, 현대, 삼성, SK까지 일곱 팀의 유니폼을 입었고 미국과 대만 무대에까지 도전했던 최익성이다. 신인 시절 20-20클럽에 가입하기도 했고, 은퇴 후 연기자 생활까지 거쳤던 최익성은 '저니맨'이라는 제목의 자서전을 출간하기도 했다.

전광판 읽는 법

전광판은 무수한 영어 이니셜로 이루어져 있다. 가장 기본적인 것이 두 팀의 점수를 표시하는 점수판이다. 전광판의 맨 위에 길게 늘어서게 되며, 위아래로 각 회의 초와 말에 만들어진 점수를 기록한다. 그리고 그 바로 아래쪽에는 그 두 팀이 그런 점수를 내기까지 어떤 양상의 공격을 주고받았는지를 표시하는데, R(점수, Runs), H(안타수, Hits), E(실책, Error), B(4사구, base on balls & hit by pitched ball) 순으로 기록된다.

그 아래로는 그 순간 타석에서 벌어지고 있는 승부에 관한 기록이 표시된다. S(스트라이크), B(볼), O(아웃)으로 볼카운트와 아웃카운트를 표시하고, 그리고 그 옆과 아래쪽에는 H(안타), E(실책), FC(야수선택, Fielder's choice), HR(홈런)과 RB(타점, Run Batted In), AV(타율, Average) 등 타석에 선 타자의 올 시즌 타격기록을 표시하며, 맨 밑줄에는 투수가 매번 던지는 공의 속도가 표시된다.

그렇게 타석에 선 타자에 관한 기록이 표시되는 곳 옆에는 그 날의

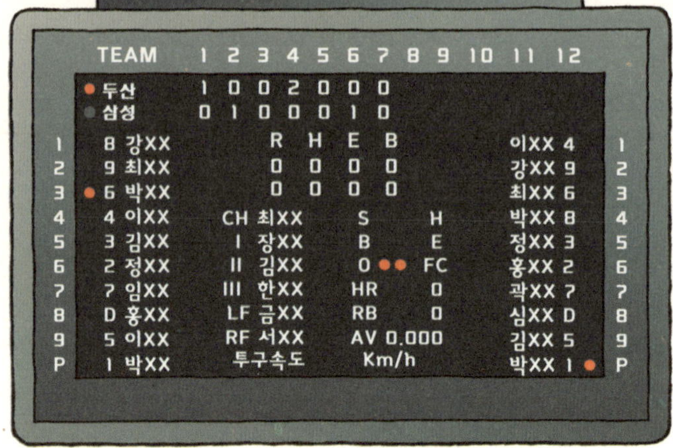

경기를 담당하고 있는 심판들을 소개하는 공간이 있다. 네 명에서 여섯 명의 이름이 나열되어 있고, 그 앞에 CH(주심, umpire of chief), I(1루심), II(2루심), III(3루심)등의 표시가 되어 있는 곳인데, 경우에 따라 그 밑으로 LF와 RF가 배정되는 경우도 있다. 직접 날아온 공이 파울라인 안쪽에 떨어지는지 바깥쪽에 떨어지는지, 그리고 타구가 펜스를 그대로 넘겼는지 아니면 담장을 맞고 넘겼는지 등을 판단하는 좌, 우익 선심을 가리킨다. 하지만 좌우 선심의 역할은 대개 1,3루심이 병행할 수 있는 것이기 때문에 국제경기나 포스트시즌 같은 중요한 경기가 아니면 배정되지 않는 경우가 많다. 따라서 일반적인 경기에서는 전광판의 그 공간이 비워져 있는 경우가 많다.

이런 경기기록 양쪽으로는 그 순간 경기에 참여하고 있는 양 팀 선수들의 이름이 적히게 된다. 타순대로 1부터 9까지 타자들의 이름이 표시되고, 맨 밑에는 영어 이니셜 P(Pitcher)와 함께 투수의 이름이 표시된다. 선수들의 이름 오른 쪽에 따라붙는 숫자는 각자의 포지션을 표시하는데, 1(투수), 2(포수), 3(1루수), 4(2루수), 5(3루수), 6(유격수), 7(좌익수), 8(중견수), 9(우익수) 순이다. 이 포지션넘버는 경기 중계방송이나 경기기록에서도 종종 활용되는데, 예컨대 타자의 타구를 유격수가 잡아서 2루수에게 건네 주자를 잡아낸 뒤 1루수에게 연결해 타자까지 아웃시키는 병살타의 경우, 간단히 '6-4-3 병살타'로 지칭하는 식이다.

결정적 한 걸음이 모자란 준우승

한국 프로야구사의 통산 최강팀을 꼽는다면 '해태 타이거즈' 이외의 의견이 나올 수 없다. 그 다음으로 많은 우승을 경험했던 현대와 삼성이 기록한 것의 두 배가 넘는 무려 9번(기아 타이거즈까지 합하면 10번)의 우승을 달성했기 때문이기도 하지만, 준우승을 단 한 번도 경험하지 않은 깔끔함 때문이기도 하다. 결정적인 승부에서 강해야 정말 강팀이기 때문이다.

그렇다면 늘 강했지만, 최강이지는 못했던 비운의 주인공은 어느 팀일까? 바로 삼성 라이온즈였다. 한국시리즈 없이 전후기 통합우승에 성공했던 것을 포함해서 모두 네 번 우승을 하기도 했지만, 그 두 배인 여덟 번이나 준우승에 머물렀기 때문이다. 그 여덟 번 중 세 번은 해태, 두 번은 두산(OB포함), 그리고 롯데, 현대, LG에게 각각 한 번씩 마지막 순간에 일격을 당하고 무릎을 꿇었던 쓰라린 기억을 가지고 있다.

더구나 삼성은 정규시즌 1위에 오른 것이 모두 8번으로 다른 어느 팀보다도 많았다. 심지어 한국시리즈에서 열 번이나 우승한 해태(기아) 타이거즈조차도 정규시즌 1위는 6번 밖에 해보지 못했기 때문이다. 어떤 의미에서든 삼성 라이온즈는 마땅히 최강의 자리에 올랐어야 할 전력을 가지고 있었지만, 결정적인 한 걸음을 전진하지 못한 팀이었고, 그런 의미에서 비운의 팀 혹은 한 치 모자란 팀이라고도 할 수 있다.

삼성 라이온즈 다음으로 꼽힐 만한 팀은 단연 한화 이글스다. 이글스는 1999년에 단 한 번 우승에 성공했지만, 준우승에 그친 것은 무려 다섯 번이었다. 특히 전신 빙그레 시절에는 88년부터 92년까지 다섯 시즌 동안 네 번이나 한국시리즈에 진출하고도 번번이 준우승에 그쳤을 만큼 지긋지긋한 불운에 치를 떨었던 팀이었다. 그 무렵 고원부, 이정훈, 이강돈, 강정길, 장종훈, 강석천, 유승안 등이 늘어서 있던 타선은 '다이너마이트'라는 별명을 얻을 정도였고 이상군, 한희민, 송진우, 한용덕, 구대성 등으로 이어진 마운드도 당대 최강임에는 틀림이 없었다. 하지만 불운이라면 그 모든 전설적인 이름들을 모아 놓고도 한 수 접어야 했던 '국보' 선동열, 혹은 잠시나마 그 국보를 넘어섰다는 이야기까지 들었던 염종석과 단기전의 막다른 골목에서 맞서야 했던 운명 때문이었다. 선동열의 해태에 세 번, 염종석의 롯데에 한 번 패했다.

준우승 기록만 놓고 본다면 원년 우승팀 두산 베어스도 나름대로 불운한 팀 대접을 받을 만하다. 2000년대 들어서만 모두 4번의 준우승을 했는데, SK에 두 번, 삼성과 현대에 각각 한 번씩 패했기 때문이다. 특히 SK에 밀렸던 2007년에는 한국시리즈에서 먼저 2승을 따내고도 연달아 네 경기를 내주며 무릎을 꿇는 역사상 첫 사례를 만들었고, 현대에 밀렸던 2000년 한국시리즈에서는 먼저 세 판을 내주고 세 판을 따라갔다가 마지막 7차전에서 역전홈런을 맞고 좌절하는 극적인 준우승의 장면을 만들기도 했다는 점에서 횟수만으로는 가늠하기 어려운 '내재적 상처'를 안은 팀이기도 하다.

최종병기, 직구

사람들이 흔히 분류하고 이름붙이는 것만 꼽아도 야구에는 열댓 개의 구종이 있다. 하지만 그 모든 것을 딱 둘로 나눈다면, 변화구와 직구다. 커브, 슬라이더, 포크볼, 너클볼, 체인지업 등등으로 분류될 수많은 구종들을 공의 궤적이 좌, 우, 아래로 변화한다는 의미에서 변화구라고 부른다면, 직구는 '직선으로' 간다는 의미가 된다. 하지만 엄밀히 보자면 직구 역시 직선이 아닌 궤적을 가진다. 야구공도 150g 정도의 무게를 가지고 있기 때문에 마운드로부터 포수의 미트까지 18.44m를 비행하며 어느 만큼은 중력이 작용하는 방향으로 떨어질 수밖에 없는데다가, 임창용 같은 사이드암 강속구 투수가 던진 직구는 왼쪽으로 회전하면서 오른손잡이 타자의 몸 쪽으로 휘어 들어가는 '뱀직구'가 되기도 하기 때문이다(공은 공기의 저항 때문에 회전(자전)하는 반대 방향으로 휘어지게 된다). 그런 의미에서 우리나라에서 부르는 직구(straight)보다는 미국에서 사용하는 속구(fastball)라는 표현이 더 정확하다고 볼 수 있다. 직구가 늘 직선으로 날아가는

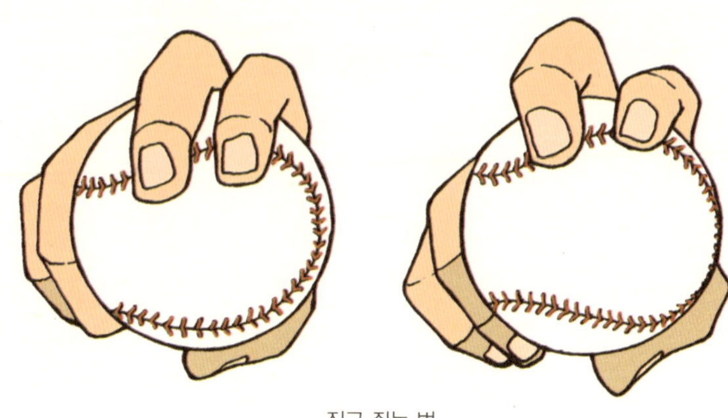

직구 쥐는 법

것은 아니지만, 항상 가장 '빠르게' 날아가도록 던지는 공이라는 점은 분명하기 때문이다. 어쨌든 투수 입장에서 직구는 가장 빠르다는, 그리고 가장 제구하기 쉽다는 결정적인 장점을 가지고 있다.

공이 빠르다는 것은 타자에게 공을 정확히 보고 정확히 배트를 컨트롤해 공략할 시간적 여유를 덜 준다는 것을 의미한다. 실제로 투수가 서게 되는 마운드 위의 투수판으로부터 포수가 앉아 있는 홈까지의 거리는 18.44m. 하지만 투수판에 뒤쪽 발을 디딘 채 크게 한 걸음 나오며 팔을 휘둘러 던지는 공이 투수의 손을 빠져나와 타자의 앞에 도달하기까지의 거리는 17m 안팎이 된다. 따라서 만약 투수가 시속 150km의 공을 던진다면 그 공이 투수의 손끝을 빠져나와 타자의 눈앞을 통과하기까지 걸리는 시간은 0.4초가량이다. 공의 구종과 코스를 파악해 칠 것인지 말 것인지, 친다면 밀어 칠 것인지 당겨 칠 것인지, 어느 궤적으로 어느 순간에 임팩트를 주며 배트를 컨트롤하고 휘두를 것인지 결정하고, 실제로 배트를 휘둘러 공과 만나게 하기에는 물리적으로 불가능한 짧은 시간이다. '직구야말로 마구'라는 이야기가 나오는 이유가 바로 그런 공략의 불가능성에 있다.

그리고 공을 컨트롤하기 쉽다는 것은 투수가 마음먹은 곳에 꽂아넣음으로써 볼넷을 허용하거나 타자의 몸에 맞히거나 포수가 잡을 수 없는 곳에 내팽개침으로써 주자들의 진루를 허용할 가능성을 가장 낮출 수 있다는 의미이다. 변화구가 정확히 마음먹은 곳에서 마음먹은 궤적으로 변화하도록 하기 위해서는 공에 정확한 방향과 세기로 회전을 가해야 하지만 그 방향과 세기에 있어서 조금이라도 오차가 생기면 투수와 포수 모두 예상하지 못한 곳으로 향할 가능성이 항상 있다. 하지만 직구는 손가락과 팔목, 팔꿈치의 별다른 조작 없이 던지는 단순한 공이기 때문에 그만큼 위험도 낮다.

그럼에도 불구하고 타자들이 타석에서 가장 자주 노리는 구종 역시 직구이며, 가장 결정적인 순간 승부를 결정하는 극적인 홈런으로 연결되는 공 역시 대개는 직구거나 아니면 제대로 변화를 일으키지 못해 직구와 비슷한 궤적으로 밋밋하게 흘러드는 변화구다. 빠르고 쉽다는 장점은 동시에 직구가 가지는 치명적인 약점이기도 하기 때문이다.

우선 위기에 몰린 상황에서 투수가 던질 수 있는 공은 당연히 항상 직구이며, 모든 타자들도 그것을 잘 알고 있다. 역전 주자까지 가득 채워놓은 만루, 투스트라이크 쓰리볼 상황에서 타자가 노려야 하는 공은 당연히 직구다. 혹은 1군 잔류냐 2군 강등이냐를 놓고 살 떨리는 시험을 치르고 있는 1.5군급 투수가 연속 볼넷을 허용하고 진땀을 닦아내며 맞이한 다음 타자에게 초구에 던질 수 있는 공도 당연히 직구다. 그리고 회심의 변화구 대여섯 개를 연속으로 골라내거나 커트해 파울로 만들어내며 버티는 정교한 타자에게 결국 던질 수밖에 없는 공 역시 직구다. 또는 앞 타자에게 몸 쪽 공을 던지다가 생각지 않게 팔꿈치나 얼굴에 맞혀 큰 부상을 입힌 뒤 미안하고 떨리는 마음으로 다음 타자를 맞이한 신출내기 투수가 던질 수 있는 공 또한 한가운데, 혹은 바깥쪽으로 향하는 직구다.

그렇게 무슨 일이 있더라도 뒤로 빠지거나 타자를 맞히거나 볼넷을 허용해서는 안 된다고 생각되는 상황에서 변화구를 던질 수 있는 투수는 당장 우리나라에서도 손가락에 꼽을 정도다. 손가락과 손목, 팔꿈치와 어깨의 관절과 근육들이 조금의 오차도 없이 움직여야만 변화구를 정확히 제구할 수 있지만, 그렇게 부담스럽고 긴장되는 상황에서도 흔들리지 않으려면 엄청난 수준의 기술 외에도 무모할 정도의 자신감, 그리고 담력이 있어야만 하기 때문이다.

그리고 사실 논리적이고 물리학적인 분석과 장담에도 불구하고, 시속 150km가 아니라 160km짜리 직구도 종종 홈런으로 이어지는 것을 우리는 야구장에서 목격할 수 있다. 수많은 연습과 실전을 통해 익숙해진다면, 그리고 그 순간 그 정도 속도의 직구가 날아들 거라고 예측하고 노린다면, 그래서 이미 공이 던져지기 전 투수의 투구동작이 시작되는 순간부터 배트를 휘두르기 위한 준비동작을 시작한다면 이미 십 수 년 이상의 반복훈련으로 감각기관과 반사신경, 근육의 운동을 최적화한 타자의 몸은 0.4초 이내에 야구공을 때려 안타로, 혹은 홈런으로 만들어낼 수 있기 때문이다.

그래서 투수가 '절대 맞지 않는다'는 자신감을 가지고 던지는 직구는 세상에서 가장 치기 어려운 공인 동시에, 도살장에 끌려가는 소 같은 눈으로 '제발 이 순간이 빨리 지나가버렸으면' 하는 무너진 마음으로 카운트를 잡기 위해 던지는 직구는 세상에서 제일 만만한 공이 되는 것이다.

투수들은 직구를 하나 던질 때마다 거울을 보는 심정으로 전광판에 찍히는 구속을 확인한다. 그리고 비록 그것만으로 최고가 될 수는 없다고 해도, 팬들 역시 시속 150km짜리 직구를 던지는 투수에 열광하며, 시속 160km가 찍히는 전광판 숫자를 직접 야구장에서 확인하는 것으로 가문의 영광을 삼기도 한다. 그것은 단지 '시원시원한 맛' 때문만이 아니라, 서로 창, 칼, 화살 모두 부러져버린 최후의 순간에 내밀어야 하는 최종병기가 직구라는 사실을 본능적으로 이해하고 있기 때문이다.

덧붙여, 세상에서 가장 강력한 변화구는 '가장 강력한 직구와 섞어 던지는 변화구'라는 말이 있다. 직구는, 야구장의 모든 변덕스럽고 변화무쌍하고 예측불가능한 변수들 사이에 버티고 서서 그 모든 것의 기준이 되고 근거가 되는 기둥이다. 불같은 직구가 야구장에 모여드는 모든 사람들의 로망인 것은 바로 그 때문이다.

청룡기 전국고교야구 선수권대회

해방 이듬해인 1946년 자유신문사의 주최로 첫 대회가 열린 우리나라에서 가장 오래된 고교야구대회다. 2회와 3회 대회에서 경남중을 연속우승으로 이끈 투수 장태영과 그의 숙적이었던 동산고 타자 박현식, 그리고 장태영과 경남서중의 무패행진을 끝내고 4회 대회에서 우승한 광주서중의 강속구 투수 김양중이라는 한국야구 1세대 스타들이 탄생한 무대가 바로 청룡기 대회다.

훗날 프로에서 활동했던 선수들 중 청룡기를 통해 이름을 알린 대표적인 이는 최동원이다. 그는 경남고 시절이던 1976년 제 31회 청룡기대회에서 군산상고와의 승자결승에서 삼진 20개를 잡아내는 기록을 세웠다. 그리고 패자결승을 통해 다시 올라온 군산상고와 맞붙은 최종결승에서도 2안타만을 내주고 12개의 삼진을 잡아내며 3대 0으로 완봉승, 팀의 우승을 이끌었다.

원래 대회를 주최했던 자유신문사가 6.25 전쟁 중 어려움을 겪게 되면서 대회가 중단되자 조선일보가 대회 주최권을 인수했고, 그

뒤로는 조선일보사의 주최로 해마다 5월에서 6월 사이에 치러지고
있다.

　대회 원년에 운보 김기창 화백이 그려서 만든 청룡기는 1955년부
터 1957년까지 3년 연속우승을 차지한 동산고 교장실에 영구보존되
어 있다. 역대 최다우승팀은 2007년에 통산 8번째 우승에 성공한 경
남고다.

체인지업

체인지업(Changeup)은 '빠르게 던지는 듯한 동작으로 느리게 던지는 것'을 생명으로 하는 구종이다. 그래서 빠른 공을 예상하고 미리 배트를 격발했던 타자들을 움찔하게 만들거나, 공이 오기도 전에 미리 몸이 앞으로 쏠리면서 무너지도록 만드는 것을 노리는 공이다. 워렌 스판의 명언대로 '타격은 타이밍이며, 투구는 그 타이밍을 뺏는 것'이기 때문이다.

말 그대로 빠른 줄 알았더니 느린 공을 던지기 위해서는 당연히 직구를 던질 때와 똑같은 몸과 팔의 움직임이 필요하다. 그러면서도 최소한 직구와 시속 20킬로미터 이상 느린 공이 날아가도록 해야 한다. 따라서 공의 속도를 늦추는 열쇠는 손 안에 숨겨져야 하는데, 체인지업을 던지는 가장 전통적인 방법은 손가락이 아닌 손바닥을 이용해 공을 채는 것이다. 그렇게 하면 당연히 손가락으로 하는 것만큼 공이 강하게 채질 수 없기 때문에 회전수가 줄어들고, 속도도 줄어들어 '떨어지는' 효과까지 얻을 수 있다. 하지만 손바닥의 감각은 손가락에 비해 무디기 때문에 종종 공이 손에서 미끄러지는 일이 생기고, 결국 종종 폭투로 이어지는 부작용을 감수해야만 했다.

　그래서 최근에 각광받는 것은 '서클체인지업'이라는 변종이다. 손가락으로 제구하되 검지와 중지가 아닌 약지와 새끼손가락으로 공을 채는 방식이다. 검지와 중지보다 힘이 약한 약지와 새끼손가락으로 채면 그만큼 공에 가해지는 힘이 적어지고, 전통적인 체인지업과 비슷한 효과를 얻을 수 있기 때문이다. 특히 약지와 새끼손가락으로 공을 움켜쥐다 보면 엄지와 검지가 공 한 쪽에 몰려 동그랗게 맞닿게

체인지업 쥐는 법

되는데, 그 모양이 OK를 뜻하는 수신호를 닮았다고 해서 'OK볼'이라고 불리기도 한다.

체인지업으로 유명한 투수로는 미국의 톰 글래빈, 한국에서는 류현진, 양현종, 정우람 등이 있는데, 공통적으로 빠른 볼과 정확한 제구력을 갖춘 왼손 투수라는 특징이 있다. 느린 공의 위력이 발휘되려면 빠른 공과의 대비효과가 필요한 것은 당연한 일이지만, 특히 서클체인지업은 반대편 손잡이 타자의 바깥쪽으로 살짝 휘어나가면서 떨어지는 특징이 있다. 따라서 다수를 차지하고 있는 오른손 타자들을 상대하는 왼손투수들에게 더 큰 이점이 있는 구종인 셈이다. 그래서 역시 서클체인지업의 달인으로 통하는 오른손 투수 윤석민 역시 그 공을 주로 사용하는 것은 왼손타자들이 타석에 있는 경우이다.

치고 달리기(히트 앤드 런)

잘 훈련되었거나 타고난 센스를 가진 선수들, 혹은 유달리 팀워크가 좋은 팀을 지휘하는 감독이 마음 놓고 휘두를 수 있는 가장 강력한 무기가 치고 달리기다.

투수가 공을 던지는 순간 주자는 달리기 시작하고, 타자는 반드시 공을 쳐내도록 하는 이 작전이 성공해서 안타가 나온다면 선행주자가 두 베이스 이상을 진루하며 단숨에 득점을 올리거나 최소한 득점권까지 진격을 할 수 있다. 그리고 안타가 아니라 평범한 내야땅볼이 나온다고 하더라도 병살을 면한 채 선행주자를 살리고 진루시킴으로써 보내기 번트를 한 번 성공시킨 효과를 얻을 수 있다. 물론 실패해서 '아니한 만 못한' 결과를 낼 수도 있지만 그것은 타구가 공교롭게도 베이스커버를 들어가던 내야수의 글러브로 빨려드는 직선타인 경우라든가, 혹은 타자가 공을 맞히지 못해 헛스윙을 함으로써 선행주자를 누상에서 횡사시키는 경우 정도가 될 텐데, 그 확률은 '작전' 치고는 비교적 높지 않은 편이라고 할 수 있다.

게다가 치고 달리기는 눈에 잘 보이지 않는 이점들을 만들어내기도 한다. 주자가 달리기 시작하는 순간 야수들은 베이스 쪽으로 붙게 되기 때문에 타구가 빠져나갈 공간이 넓어지고, 따라서 안타가 나올 가능성이 높아지기 때문이다. 그런 점에서 치고 달리기는 '서로를 믿고 각자 책임을 다함으로써 서로를 돕는' 작전이라고 표현할 수도 있다.

치고 달리기는 무엇보다도 팀 동료들 여럿이 함께 손발을 맞추어 성공시키는 작전이라는 점에 가치가 있다. 성공시킬 경우, 팀원 모두에게 짜릿한 희열과 더불어 '뭔가 잘 되어가고 있다'는 좋은 예감을 줌으로써 경기 전반에 긍정적인 영향을 미치기 때문이다.

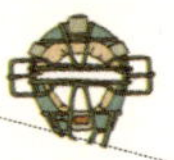

최초의 변화구, 커브

이름 그대로 '휘는 공'이다. 물론 모든 변화구가 휘는 궤적을 그리지만, 야구 역사에서 제일 먼저 발명되고 발견된 변화구가 바로 커브이기 때문에 '휜다'는 일반명사를 당당히 고유명사로 쓰게 된 것이다.

커브는 공이 직구와 정 반대의 방식으로 날아간다. 직구를 던질 때 투수는 끝까지 공을 손가락으로 긁어내림으로써 최대한 많은 회전을 걸려고 노력한다. 공이 아래에서 위쪽으로 강하게 회전하면(back spin) 바람의 저항을 그만큼 많이 흘려보낼 수 있게 되고, 또 그만큼 지면 쪽으로 처지지 않고 똑바로 날아갈 수 있기 때문이다. 하지만 커브는 그 반대로 손가락을 공 위에 건 채 던지며 앞쪽으로 깎아내림으로써 공이 위에서 아래쪽으로 회전하도록(top spin) 만든다. 그렇게 되면 당연히 공은 더 많은 공기의 저항을 받으며 지면 쪽으로 떨어지는 궤적을 그리게 된다.

따라서 커브는 모든 면에서 직구와 반대의 특성을 가진 공이다. 느리고, 떨어지며, 곡선으로 움직인다. 물론 완전한 직선이 아닌 팔의

커브 쥐는 법

궤적에 따라 어느 정도 옆으로도 휘는 궤적을 그리게 된다.

제일 먼저 커브볼을 던지기 시작한 것은 1872년 뉴욕 뮤추얼스에서 데뷔한 뒤 볼티모어, 필라델피아, 하트포드, 신시네티 등에서 6년간 선수생활을 했던 투수 캔디 커밍스(Candy Cummings)라고 전해진다. 그는 키가 165센티미터 정도 밖에 되지 않을 정도로 왜소했지만, 고향의 강가에서 조개를 던지며 놀다가 우연히 터득한 커브 하나로 통산 145승(94패, 평균자책점 2.49)을 거둘 수 있었다. 그리고 그는 그 성적을 토대로 1939년 명예의 전당에 헌액되기도 했으며, 초대 마이너리그 총재를 지내기도 했다.

그가 커브를 던지기 전까지는 중력에 의해 떨어지는 것 외에는 휘는 공이 있을 수 있다고 믿는 사람이 없었고, 그래서 투수들도 저마다 좀 더 빠른 공을 던지는 데만 몰두하고 있었다. 하지만 캔디 커밍스가 NA(National Association ; 내셔널리그의 전신)에서 1872년부터 1875년까지 4년 동안 무려 199경기에 등판해 194경기를 완투하며 124승을 거두는 괴력을 선보이자 상황은 달라졌다. 그의 공을 향해 속절없이 헛스윙을 하고 돌아나온 타자들이 입을 모아 '공이 휘어지며 날아온다'고 아우성을 쳤던 것이다.

그럼에도 불구하고 처음에는 그것을 타자들의 단순한 착시로 치부하는 이들이 많았다. 하지만 캔디 커밍스가 포수와의 사이에 막대 두 개를 세워두고 투수 쪽 막대의 오른 쪽 밖으로 휘어져나갔다가 포수 쪽 막대의 왼 쪽 밖으로 들어오게끔 공을 던져 보임으로써 커브의 존재는 실증되었다.

커브는 궤적이 크고(크게 휘고), 느리며, 떨어진다는 강점을 가지고 있다. 궤적이 크면 타자의 집중력을 흐트러뜨릴 수 있고, 느리면 타자의 타이밍을 빼앗을 수 있으며, 떨어지면 타자가 배트로 맞힐 수 있는 기회를 최소한으로 줄일 수 있기 때문이다.

최근에는 커브에도 다양한 변종들이 생겨났는데, 그저 느리게 휘며 떨어지는 전통적인 슬로 커브 외에도 빠르게 꺾이며 떨어지는 파워 커브나 슬러브(슬라이더와 커브의 혼합형), 보통의 커브보다 더 크게 떨어지는 너클 커브 등이 그 예다.

미국에서는 오클랜드의 배리 지토가 느리고 큰 각도의 전통적인 슬로 커브의 대명사라면, 마이크 무시나, 페드로 마르티네스, 혹은 LA 다저스 시절의 박찬호 등이 횡으로 휘는 빠른 커브를 잘 던진 투수들

로 꼽힌다,

한국에서는 현대 유니콘스 시절의 정민태와 SK 와이번스의 이승호가 직구와 시속 40킬로미터 가까운 차이를 보이며 타자들을 '얼려버리는' 슬로 커브로 유명했으며, 김상엽, 김원형 등은 직구와 별 구속 차가 없는 시속 130킬로미터 후반대의 파워 커브로 한 시대를 풍미했다.

케네디 스코어

1960년 TV로 방영된 미국의 대통령선거 후보 정책토론회에 나선 케네디는 '가장 재미있는 야구 스코어는 몇 대 몇이라고 생각하느냐'는 어느 패널의 질문에 뜸도 들이지 않고 '8대 7'이라고 말했다고 한다. 너무 지루하지도 너무 허무하지도 않은 긴장 속에 보는 이들로 하여금 경기가 끝나는 순간까지 집중하게끔 하는 절묘한 점수가 그쯤 된다는 이야기였다. 그 한마디 답으로 야구에 관한 조예와 센스를 과시함으로써 그는 대통령 당선에 조금이나마 다가설 수 있었고, 그 뒤로 사람들은 8대 7이라는 스코어를 '케네디 스코어(Kennedy Score)'라고 부른다고 한다(미국의 제 35대 대통령인 프랭클린 루즈벨트는 '야구 경기는 모름지기 8, 9점은 나야 볼 재미가 있다'는 지론을 가지고 있었다고 한다. 그것에서 유래해 9대 8이라는 점수는 '루즈벨트 스코어'라고 부르기도 한다).

물론 증거화면을 찾아보기 어렵고, 정작 요즘 미국 사람들은 케네디스코어라는 말을 잘 모른다는 점 때문에 그것이 어느 한국인이 지어낸 이야기라는 설도 있다. 물론 그 설의 진위 역시 확인하기는 어렵다.

물론 자신이 응원하는 팀이 이겨야 한다는 점이 가장 중요하겠지만, 그걸 제외하면 어떻게든 '접전'이어야 재미있는 경기가 된다는 것은 분명하다. 하지만 내 생각에 8대 7은 너무 많은 점수다. 그래서 내가 언젠가 아주 유명해져서 '김은식 스코어'라는 말이 생겨날 수 있다면 그 뜻은 4대 3을 의미하는 것이 될 것이다.

왜냐하면 야구에서 대결이란 맞붙은 두 팀 사이에도 벌어지지만 좀 더 미세하게는 투수진과 타선 사이에도 벌어지기 때문이다. 어쨌거나 한 점 차이만 되면 두 팀 간의 접전 양상은 입증이 된다고 볼 수 있지만, 8대 7씩이나 되고 보면 두 팀 모두 투수진이 붕괴된 채 타자들의 힘만으로 승부를 끌고 간 셈이 된다. 팀 평균자책점이 7이나 8씩이나 된다면 그게 제대로 된 투수진을 가진 팀이라고 보기는 어렵기 때문이다.

하지만 3점에서 4점 정도의 팀 실점이라면, 그것은 양 팀 투수들과 타자들 모두 할 말이 있는, 그야말로 두 팀, 그리고 그 두 팀의 투수와 타자들 모두 할 만큼 한 셈이라고 볼 수 있는 '사방으로 팽팽한' 접전이기 때문이다.

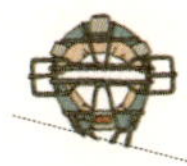

성립과 취소 사이의 시간싸움,
강우 콜드게임

막 장마가 시작되던 2008년 6월 4일, 서울, 인천, 부산의 경기는 진작 비 때문에 취소되었고 한화 이글스와 기아 타이거즈가 맞붙은 광주에서만 경기가 시작되었다. 그리고 경기는 2회에 터진 장성호의 만루홈런 덕분에 기아 타이거즈가 일찌감치 6대 1의 승기를 잡으며 진행되고 있었다. 하지만 경기를 시작할 무렵부터 부슬부슬 내리던 빗줄기가 3회 초가 끝날 무렵부터는 심상치 않게 굵어지기 시작했고, 그로부터 사상 초유의 희극이 야구장에서 펼쳐지기 시작했다.

한화의 투수들이 갑자기 와인드업 동작도 거의 없이 기아 타자들을 향해 밋밋한 배팅볼을 던지기 시작했고, 수비수들 역시 눈에 띄게 부자연스런 동작으로 타구들을 피해다니기 시작한 것이다. 5회 초를 마무리하기 전에 날씨 때문에 경기 종료가 선언되면(콜드게임이 되면) 기아 타이거즈에 내준 6점을 비롯해 그 날 작성된 모든 기록이 백지화된다는 점을 노린 한화 선수들의 의도적인 지연작전이었다.

물론 기아 쪽 입장은 달랐다. 어떻게 해서든 5회초 수비까지 끝낸 뒤 경기종료가 선언되면 일단 그날의 경기는 정식경기로 인정받게 되고, 당연히 기아가 1승을 챙길 수 있기 때문이었다. 따라서 기아로서는 5회 초까지는 공격과 수비 모두 최대한 빨리 끝내야만 하는 사정이었다.

4회 말, 당대 최고의 빠르기를 자랑하던 기아의 이용규는 평범한 땅볼을 굴려놓고 1루까지 느릿느릿 걸어 나감으로써 의도적으로 아웃을 당했다. 그러자 한화는 이종범의 뜬공과 장성호의 투수땅볼을 일부러 놓쳐 안타로 만들어줌으로써 응수했고, 다시 기아는 이재주와 김원섭이 공과 1미터쯤 떨어진 허공으로 세 번 헛스윙 하는 '자살삼진'을 감행함으로써 다시 맞받아쳤다.

그 뒤로도 두 팀 선수들은 서로 상대하는 투수와 타자가 아닌, 시간과의 싸움을 계속했다. 한화의 타자들은 주심이 불러 앉히기 전까지는 절대 타석에 들어서지 않고 연습스윙을 하고 물을 마시고 배트를 고르며 시간을 죽였고, 기아의 타자들은 혹시 실수로라도 공을 맞힐까 두렵다는 듯 하늘로 땅으로 방망이를 휘두르며 공 세 개로 스스로를 죽였다.

하지만 한화의 간절한 소망과는 달리 경기는 5회와 6회를 훌쩍 넘어 이어졌고, 결국 7회 말까지 이어진 끝에 종료선언이 떨어졌다. 경기는 성립되었고, 최종점수는 그대로 6대 1, 기아의 승리였다.

비록 역사적인 추태의 한 장면이긴 했지만, 야구에서 콜드게임이라는 규칙이 승부에 미치는 영향을 보여주는 대표적인 장면이다. 콜드게임이란 불가항력적인 상황 때문에 경기를 중단하면서도 양 팀 모두를 억울하게 하지 않기 위한 규칙이지만, 역시 어쩔 수 없이 미세한 득실은 갈리기 마련이다.

야구는 9회(혹은 대회 규정에 따라서는 7회나 5회)까지 공격과 수비를 번갈아 하며 얻은 점수를 대조해 승패를 가르는 경기다. 하지만 때로는 심판의 선언에 의해 경기가 끝날 수도 있는데, 그런 경우를 통틀어 콜드게임(called game), 즉 선언에 의해 종료된 게임이라고 한다.

아마추어 야구에만 국한된 일이긴 하지만, 가장 흔하게 나오는 콜드게임은 점수차에 의한 것이다. 청소년이나 아마추어 야구에서는 이미 돌이킬 수 없는 정도로 점수차가 벌어진 경우(대개 5회까지 10점, 7회까지 7점) 심판의 선언을 통해 경기를 중단하게 된다. 승패와 선수들의 기록 이전에 선수들에 대한 정신적, 육체적 보호를 먼저 생각해야 하는 것이 아마추어 야구의 특성이기 때문에 무의미한 체력소모나 정신적 모욕감을 피하기 위한 것이다.

하지만 프로야구에서도 콜드게임은 종종 나온다. 프로무대에서 볼 수 있는 가장 흔한 콜드게임은 갑작스런 날씨변화 때문인 경우가 많은데, 갑자기 비나 눈이 쏟아지거나 하는 천재지변으로 더 이상 경기를 진행할 수 없게 되었을 때 선언된다. 주심의 선언이 내려지기까지 경기가 진행된 정도에 따라 아예 경기의 시작 자체가 취소되는 '노게임'이 될 수도 있고 그 순간까지 진행된 상황만을 가지고 경기를 성립시키는 정식게임이 될 수도 있으며, (한국 프로야구에는 없는 규정이지만) 대회 규정에 따라서는 그날 종료된 상황부터 나중에 경기를 이어서 치르게 하는 '서스펜디드게임'이 될 수도 있다.

앞선 사례처럼 홈팀이 앞선 상황이라면 5회 초가 마무리된 시점이 경기의 취소와 성립을 가르는 기준이 된다. 즉, 5회 초가 끝나기 전에 주심의 선언에 의해 종료된 경기는 취소가 되지만 5회 초가 끝난 뒤에 종료된 경기는 그대로 정식경기가 된다. 반면 홈팀이 뒤진 상황이라면 5회 말의 종료가 그 기준이 되는데, 그것은 '양 팀에게 똑같은 공격기회가 보장된 상태에서만 점수의 비교를 통해 승패를 가른다'는 야구경기의 대전제를 충족시키기 위해서다.

어쨌든 경기가 취소될 경우에는 승패는 물론 그날 작성된 선수들의 개인기록들도 모두 무효가 되며, 성립될 경우에는 반대로 승패와 개인기록 모두가 유효한 것으로 인정된다. 예를 들어 1993년 5월 13일 롯데 자이언츠와 쌍방울 레이더스의 부산경기는 비 때문에 6회에 종료되었는데, 그때까지 쌍방울 타선을 상대로 6회까지 볼넷 1개만 내주며 무실점으로 버티고 있던 롯데의 투수 박동희에게는 생각보다 훨씬 쉽고 빠르게 노히트노런의 영예가 주어지기도 했다.

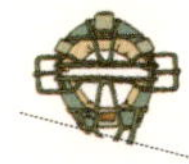

2루 사이의 완벽한 조화,
키스톤 콤비네이션

건물을 지을 때 제일 중심이 되는 지점에 박아 넣는 돌을 키스톤 (keystone), 우리말로는 '쐐기돌'이라고 한다. 그리고 그것은 야구장에서 2루 베이스를 가리킨다. 홈에서 그라운드를 바라볼 때 2루 베이스가 딱 중간에 박혀 있어 꼭 쐐기돌 같다고 해서 붙인 말이다.

이 키스톤을 중심에 놓고 경기가 진행되는 동안 내내 눈빛을 주고받으며 손발을 맞추는 것이 2루수와 유격수다. 2루수와 유격수는 가장 많은 타구를, 그리고 가장 강한 타구들을 처리하는 가장 바쁜 수비수들이다. 그래서 빠른 판단력과 순발력, 송구능력을 가진 선수들이 맡는 포지션이다. 하지만 빠뜨려서는 안 될 능력이 또한 2루를 사이에 두고 마주하는 파트너와의 유기적인 협조 플레이 능력이다. 그 두 명의 수비수가 2루에 주자가 있을 때 투수의 견제구는 누가 받을 것이고 도루를 잡기 위해 날리는 포수의 송구는 누가 받을 것인지, 혹은 병살을 처리할 때는 어떤 호흡 어떤 리듬으로 어느 공간쯤에 토스를 할 것인지 서로 정확히 가늠하고 분담하지 못하면 수비망은 일순간 뒤엉켜버릴 수밖에 없기 때문이다. 그래서 그 두 명의 수비수가 2루 베이스를 가운데 놓은 채 손발을 맞춰 벌이는 수비동작들을 키스톤 콤비네이션(Keystone Combination)이라고 부른다(우리나라에서는 2루수와 유격수를 묶어서 '키스톤콤비'라고 부르기도 하는데, 미국에서는 쓰지 않는 '콩글리시'다).

우리나라에서 역대 최고의 '키스톤 콤비'를 뽑는다면, 후보로 오를 만한 조합들이 몇 있다. 1980년대 초중반 MBC청룡에서 활약했던 김인식(2루수)-김재박(유격수)과 1980년대 후반 삼성 라이온즈의 강기웅(2루수)-유중일(유격수), 그리고 1990년대 중반 해태 타이거즈의 김종국(2루수)-이종범(유격수), 1990년대 후반부터 2000년대 초반 사이를 주름잡았던 현대 유니콘스의 박종호(2루수)-박진만(유격수).

최고의 2루수와 최고의 유격수를 따로 꼽아보는 것 못지않게 '최고의 키스톤 콤비'를 꼽게 되는 것은 그만큼 각자의 능력치에 더한 협조 플레이의 묘미가 큰 영역이기 때문이다. 그래서 정말 호흡이 잘 맞는 2루수와 유격수 사이의 키스톤 콤비플레이는 마치 배구의 절묘한 속공이나 시간차 공격, 혹은 농구의 화려한 어시스트와 덩크를 보는 듯한 리드미컬한 쾌감을 준다.

그런 점에서 후보들 사이에서 감히 최고를 가려본다면 강기웅-유중일 콤비의 손을 들어주어야 하지 않나 싶다. 물론 강기웅과 유중일 모두 최고의 2루수와 최고의 유격수 부문에서 1위에 오를 가능성은 높지 않다. 하지만 대개 다른 조합이 '압도적으로 화려하고 적극적인 유격수와 그것을 보좌하는 2루수'의 형태였던 것과 달리 그들은 가장 완벽한 균형을 이루는 양 날개에 가까웠기 때문이다. 그래서 그 두 사람이 동시에 무릎을 구부리고 타석을 노려보기 시작하면, 타자들은 내야 한복판에 팽팽하고 촘촘한 그물이 양 끝으로 펼쳐진 것 같은 막막함을 느껴야 했다.

타율 계산하는 법

간단히 말해 타율은 '안타율', 즉 그 선수가 어떤 비율로 안타를 생산해내는 타자인가를 알려주는 수치다. 예를 들어 열 번의 기회에서 세 번 안타를 치면 3할, 두 번 안타를 치면 2할, 1000번의 기회에서 352개의 안타를 때리면 3할5푼2리라고 표시한다.

하지만 타석에 들어선 횟수를 모두 '기회'로 계산해서 타율 계산의 전제로 삼게 되면 타자에게 억울한 경우가 생긴다. 예를 들어 타석에서 볼넷을 얻거나 몸에 공을 맞고 그냥 1루로 걸어나갔다면, 타자가 잘못한 것이 아닌데도 숫자는 기회를 날린 것처럼 표시되기 때문이다.

그런 식으로 타자의 잘못이 아닌 경우로 야구규칙이 인정하는 경우는 이렇다. 볼넷, 몸에 맞는 공, 희생번트, 희생플라이, 타격방해나 주루방해로 인한 출루. 그것이 아니었다면 안타가 되었을지, 범타가 되었을지 도저히 알 수 없는 경우들이다. 전체 타석에서 앞의 경우들을 뺀 수를 타수라고 하며, 타율이란 그 선수의 안타 수를 타수로 나눈 숫자이다.

예를 들어 한국 프로야구 최고의 통산타율 기록을 가지고 있는 장효조 선수는 1983년부터 1992년까지 10시즌 동안 3,632번 타석에 들어서서 506개의 볼넷과 27개의 몸에 맞는 공을 얻어냈으며, 46번의 희생타를 쳤고 3번은 타격방해와 주루방해로 출루했다. 그리고 통산안타는 1,009개를 쳐냈다. 따라서 장효조 선수의 통산타율은 이렇게 계산된다. 3,632번의 타석에서 582, 즉 506(볼넷)+27(몸에 맞는 공)+46(희생타)+3(타격방해, 주루방해)를 뺀 3,050이 타수이므로, 1,009 ÷ 3,050인 0.331, 즉 3할3푼1리가 장효조 선수의 통산타율이 된다.

테이블세터와 클린업트리오

꼭 그러라는 법은 없지만, 그리고 가끔 통계적인 근거를 대며 출루율이 높은 선수부터 순서대로 타선에 늘어세우는 것이 최선이라는 식의 도전을 받기도 하지만, 어쨌거나 오늘날 '타순 짜기'의 기본은 테이블세터(tablesetter)와 클린업트리오(cleanup trio)의 배치로 인식되고 있다.

테이블세터란 말 그대로 '상을 차리는', 즉 누상에 출루해서 투수와 수비진을 흔들어대다가 홈으로 들어와 득점을 올리는 것을 임무로 하는 선수들을 말하며, 클린업트리오란 '차려진 밥상을 싹 쓸어담아' 타점을 올리는 역할을 맡는 선수들을 가리킨다. 그래서 일반적으로 1, 2번 혹은 9번 타순에 타율이 높지 않더라도 출루율이 높고 발이 빠르며 주루플레이에 능한 선수들을 배치하게 되며, 3, 4, 5번에는 안타를 때려 누상의 주자들을 불러들일 수 있는 능력을 가진 선수들을 배치한다.

하지만 좀더 세밀하게 보면 같은 테이블세터라고 해도 1번과 2번의 역할이 조금씩 다르고, 같은 클린업트리오라고 해도 3, 4, 5번의 역할이 또 조금씩 다르다. 1번 타자는 무조건 많이 출루해서 도루를 하거나, 혹은 상대 배터리와 수비진에 도루할 수 있다는 위기감을 줌으로써 수비망에 균열을 만드는 역할을 해야 하기 때문에 선구안과 빠른 발, 주루센스를 최고의 덕목으로 삼게 된다. 반면 2번 타자는 먼저 출루한 1번 타자를 진루시키는 임무를 맡게 되는 경우가 많기 때문에 보내기 번트나 치고 달리기 같은 작전을 차질 없이 수행할 수 있는 세밀한 기술과 침착함을 가진 선수들이 선호된다. 특히 2번 타자가 왼손잡이일 경우에는 포수로부터 1루 주자의 움직임을 가릴 수 있어 1루 주자의 행동반경을 더 넓게 확보해줄 뿐만 아니라 번트를 대거나 치고 달리기 같은 작전을 시도할 때 1루까지 더 빨리 도착할 수 있어 병살의 위험을 덜 수 있다는 장점이 있다. 따라서 2번 타순은 '타격이 정확하고 번트에 능한 왼손 타자'의 자리로 인식되는 경향이 강하다.

3, 4, 5번 타자는 그렇게 득점권으로 진출한 1번 혹은 2번 타자를 홈으로 불러들이는 역할을 맡게 된다. 하지만 그 중에서도 먼저 나서게 되는 3번 타자가 우선 점수를 내면서 찬스를 뒤로 잇는 역할을 요구받는 반면 4번과 5번은 1, 2, 3번 타자가 만든 성과들을 확장하면서 기회를 마무리하는 역할을 수행해야 한다. 그래서 3번에는 타율이 높은 타자를, 4번과 5번에는 홈런을 비롯한 장타를 때리는 데 능한 파괴력 있는 타자를 배치하는 경향이 많다(최근에는 강타자가 조금이라도 더 많이 타석에 나설 수 있게 하는 것이 유리하다는 점이 고려되

면서, 보다 강한 타자를 3번에 배치하는 경우도 늘고 있다).

테이블세터와 클린업트리오를 지나면 6, 7, 8번 타선이 흔히 말하는 '하위타선'이 된다. 그들은 공격보다는 수비 측면에서 더 많은 기여를 해야 하는 선수들로 배치되는 경우가 많은데, 포수, 유격수, 2루수, 중견수, 혹은 지명타자제도가 없는 미국 내셔널리그의 경우에는 투수가 주로 이 타순에 배치된다.

비범한 코스와 궤적이 낳은 행운,
텍사스안타

빗맞아서 높이 솟구친 뜬공이지만 묘하게도 내야수와 외야수 누구의 손도 닿을 수 없는 곳에 떨어지는 안타. 빗맞은 안타, 행운의 안타, '바가지안타'라고 부르기도 하는데, 미국에서는 '텍사스안타(texas league single)'라고 부른다. 1890년대 텍사스리그에서 뛰던 아트 선데이라는 선수가 어느 중요한 경기에서 바로 그런 식의 안타로 결정적인 결승점을 만들었을 때 지역신문에서 붙인 표현에서 유래되었다고 한다.

텍사스안타가 순전히 운이냐, 아니면 어느 만큼은 그것도 실력에서 비롯된 것이냐를 두고 논쟁을 벌이는 이들이 있다. 물론 그런 식의 타구가 조금만 멀리, 혹은 조금만 가까이 날았다면 분명히 아웃이 되었을 것이라는 점에서 확실히 행운의 요소를 가지고 있는 것만은 사실이다. 하지만 대개의 경우 강한 손목 힘을 가진 타자가 공을 빗맞히고도 끝까지 좋은 타격후 동작(follow through)을 할 경우에 이런 종류의 안타가 많이 만들어진다는 것이 많은 타격코치들의 설명이다.

생각과 다른 타이밍, 다른 지점에서 공이 맞는 순간부터 포기하고 고개를 숙이기 시작하는 타자들에게는 좀처럼 허락되지 않는 행운이라는 이야기다.

텍사스안타는 야구가 육상이나 역도처럼 순수하게 신체적 능력을 겨루는 종목과 결정적으로 다르다는 점을 보여준다. 야구에서 안타란 '더 멀리, 더 빨리, 더 강하게' 날리는 타구가 아니라 가장 상투적이지 않은 코스와 궤적으로 움직이는 '재미있는' 타구를 가리키는 이름이기 때문이다.

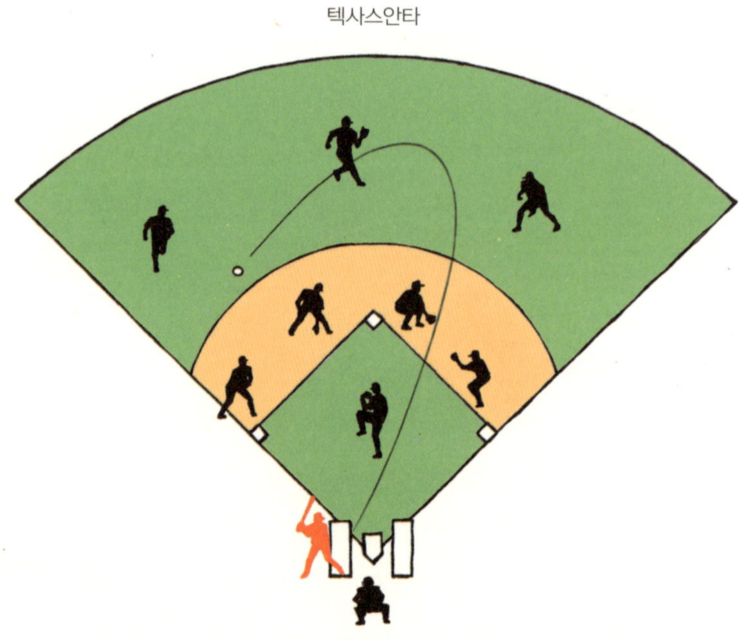

텍사스안타

트리플크라운

말 그대로 번역하자면 '삼관왕'이다. 하지만 트리플크라운(triple crown)은 아무 타이틀이나 세 개 모으면 되는 흔한 3관왕이 아니라 투수와 타자 각각의 영역에서 가장 중요한 타이틀 세 개를 동시에 획득한 '대삼관왕'에게만 붙여지는 영예라는 점에서 그 의미가 구분된다.

투수의 경우에는 다승, 평균자책점, 탈삼진의 세 부문을 동시에 석권하는 경우에 트리플크라운을 달성했다고 인정하며, 타자의 경우에는 타율, 홈런, 타점 세 부문을 인정한다. 한국의 경우 탈삼진 타이틀을 공식 인정하기 시작한 1993년 이전까지는 탈삼진왕 대신 승률왕 타이틀이 트리플크라운의 요건이었다.

투수로서는 1986, 1989, 1990, 1991년에 4회에 걸쳐 대삼관왕에 오른 선동열(세 번은 다승, 평균자책점, 탈삼진, 승률을 포함한 4관왕)과 2006년에 데뷔와 동시에 대삼관왕에 오른 류현진이 있다. 타자로서는 1984년의 이만수, 2006년과 2010년의 이대호 두 선수만이 트리플크라운에 오른 바 있다.

'엄친아' 야구 선수, 5툴 플레이어

야구에서 타자에게 요구되는 다섯 가지 능력인 타격의 정확성 (contact), 장타력, 주루능력, 수비력, 송구능력을 말한다. 그리고 그 다섯 가지 능력을 동시에 모두 갖춘 선수, 말하자면 '3할대에 20-20 클럽 가입자이면서 포구와 송구 모두 뛰어난 수비수인 선수'를 일컬어 '5툴(5-tools)'이라고 한다.

미국 메이저리그에서는 40-40 클럽 가입자인 데다가 뛰어난 수비수이기도 했던 배리 본즈와 알렉스 로드리게스가 대표적인 5툴 플레이어로 꼽히며, 한국인 메이저리거로 20-20가입자이면서 레이저 송구를 자랑하는 외야수인 추신수 역시 5툴 플레이어로 꼽힌다. 한국에서는 30-30 클럽 가입자이며 손에 꼽히는 수비수들이기도 했던 박재홍과 이종범이 대표적인 5툴 플레이어라고 할 수 있다.

최근에는 외모나 매너, 팬서비스 같은 야구 외적인 요소를 더해 '6툴'이나 '7툴'로 부르는 경우도 있다. 뉴욕 양키스의 알렉스 로드리게스 같은 '엄친아'에게나 허락되는 말의 호사인 셈이다.

누군가에게는 절실한 목표, 패전처리 투수

2004년에 영화 〈슈퍼스타 감사용〉이 개봉된 이후 널리 알려진 단어다. 〈슈퍼스타 감사용〉은 원래 패전처리 전문투수인 주인공 감사용이 당대 최고의 슈퍼스타 박철순과 맞서 아무도 기대하거나 원하거나 응원하지도 않는 1승의 희망을 버리지 않고 싸우는 한 경기를 묘사한 영화다. 하지만 프로원년 꼴찌팀 삼미 슈퍼스타즈에서 뛰었던 실제 인물 감사용은 내내 패배만 당했던 투수이긴 했지만 패전처리 투수라고 보기는 어려웠다. 패전처리를 통해 보호해야 할 필승조가 따로 없었던 프로 원년의 삼미 슈퍼스타즈 같은 팀에는, 당연히 패전처리 투수란 존재할 수도, 그럴 필요도 없었기 때문이다.

이미 많은 점수를 내준, 이길 희망이 없는 경기에 등판해 남은 이닝을 마무리하는 역할을 맡는 투수를 패전처리 투수라고 부른다. 프로야구에만 존재하는 보직이라고도 할 수 있는데, 그것은 프로야구가 가지고 있는 두 가지 특징 때문이다.

우선, 아마추어 무대와 달리 프로야구에는 어지간히 점수차가 벌어졌다고 해서 콜드게임을 선언하고 경기를 중단하는 제도가 없다. 또한 프로야구는 시즌 중 매주 여섯 경기씩 치러지기 때문에 프로야구팀은 오늘 져도 내일, 모레 계속 경기를 치러야만 한다. 따라서 아무리 많은 점수차가 나더라도 경기는 9회말까지 이어지기 때문에 투수들의 투구수는 계속 불어나게 되고, 그렇게 무리를 감수한 투수들을 이어진 경기에 계속 투입하게 되면 팀이 연패에 빠지는 것은 물론 투수들의 선수생명도 단축시키는 악순환에 빠질 수 있다.

따라서 프로야구팀의 감독들은 이미 이길 희망을 접은 경기에 내세워 뒤처리를 맡김으로써 다음 경기에 투입해야 하는 주력투수들의 어깨를 아끼는 방법을 쓸 수밖에 없다. 말하자면 팀의 승리를 위해 꼭 필요한 투수들의 휴식시간을 벌어주는 임무를 띠고, 이미 포기한 경기의 무의미한 시간들을 메워내는 역할을 맡는 투수가 패전처리 투수이다.

하지만 패전처리 투수가 그 말이 주는 어감만큼 비참하고 서글픈 역할은 아니다. 패전처리 투수 역시 우리나라의 8개 구단이 각각 26명씩 밖에 보유하지 못하는 1군 엔트리 명단의 한 자리를 차지하고 있어야 하기 때문이다. 말하자면 패전처리로서나마 프로야구 1군무대에 선다는 것은 그가 대한민국에서 가장 야구를 잘 하는 200여 명 안에는 들어간다는 증거이다. 그의 자리나마 목표로 삼고 땀 흘리는 2군 선수들, 신고선수들, 혹은 해마다 드래프트에서 지명을 받지 못하고 내년을 기약하고 있는 수많은 재수생들보다는 훨씬 높고 영광스러운 자리에 서 있다는 의미이기 때문이다.

또한 패전처리 투수에게도 반드시 요구되는 덕목은 있다. 점수를 더 내주느냐 마느냐는 그리 중요한 문제가 아니더라도, 과감하고 깔끔하게 승부함으로써 최대한 빨리 경기를 마무리해 동료 야수들 역시 최대한 빨리 쉴 수 있도록 해주어야 한다는 점이다. 따라서 구위나 코너워크는 둘째 치더라도 의미없는 4사구와 폭투를 남발하지 않을 정도의 제구력을 갖춰야 하며, 불필요한 공명심 따위에 휘둘려 타자와의 승부를 복잡하게 만들지 않을 정도의 상황인식과 헌신성도 있어야 한다.

더구나 1군 엔트리 진입에 대한 경쟁이 치열해지고 있는 최근에는 '패전처리 전담투수'란 거의 찾아볼 수 없다. 가뜩이나 부족한 엔트리의 한 자리를 그렇게 허비하기보다는, 신인급 투수들이 부담없이 실전경험을 쌓을 기회로 활용하는 것이 훨씬 낫기 때문이다. 말하자면 최근에 말하는 패전처리 투수란, 이미 경쟁에서 뒤처져 선수로서의 가치를 대부분 상실한 퇴물이 아니라, '아직 필승조에 합류할 만큼은 아니지만 미래를 위해 실전경험을 쌓고 있는 유망주'를 의미하는 것에 더 가깝다.

평균자책점 계산하는 법

타자에게 타율이 그런 것처럼, 투수가 얼마나 잘하는지 알아볼 수 있는 가장 기본적이면서 대표적인 기록이 바로 평균자책점이다. 다승의 경우 투수의 능력과 무관하게 자기 팀과 상대 팀 타자들의 능력이 좌우할 가능성이 큰 반면, 평균자책점의 경우에는 가장 순수하게 투수 자신만의 능력치를 나타내기 때문이다.

평균자책점을 한 마디로 설명하자면, '그 투수가 평균적으로 한 경기에 몇 점씩을 내주는가'를 표시하는 수치다. 흔히 방어율이라고 부르기도 하지만, '전체를 100, 혹은 어떤 다른 가상의 숫자로 놓고 보았을 때 몇인지'를 보여주는 비율이 아니라 단순히 9이닝 단위의 평균치를 표시하는 것이기 때문에 '율'이라는 이름은 잘못된 것이며 평균자책점이 옳은 표현이다. '비율'이 아니기 때문에 평균자책점은 100이나 1000을 넘어 얼마든지 커질 수 있으며, 심지어는 무한대까지 이를 수도 있다. 예컨대 어떤 투수가 단 한 개의 아웃 카운트도 잡아내지 못한 채 단 한 점이라도 실점을 한다면, 평균을 낼 때 필요한 분모가 '0'이 되어버리기 때문이다.

　하지만 실점에 대한 책임 역시 투수에게만 지울 수 없는 상황이 종종 나타난다는 점을 고려해 조금 '가공하는' 과정을 거쳐야 한다. 즉, 전체 실점 중에서 확실히 그 투수의 책임을 물을 수 없는 경우들을 제외한, 바꾸어 말하자면 그 투수에게 책임이 있다고 인정할 수 있는 실점만을 구분해서 자책점이라고 부르며, 매 경기당 몇 점의 자책점을 내주는가를 따져서 평균자책점을 계산하는 것이다.

　한국 프로야구 역사에서 가장 낮은 통산 평균자책점 기록을 가지고 있는 선동열의 경우를 살펴보자. 그는 한국 프로야구에서 뛰었던 11시즌 동안 모두 4,941명의 타자들을 아웃시켰는데, 그걸 3으로 나누면 정확히 1,647이 되므로 모두 1,647이닝을 던진 셈이다. 그 사이 내준 실점은 모두 274점이었지만, 그 중에 54점은 다른 투수가 내보낸 주자가 들어와서 기록된 점수거나, 수비수들의 실책으로 내준 점수였기 때문에 자책점은 220점이 된다. 따라서 220을 1,647로 나누면 0.134가 되고, 다시 한 경기를 의미하는 9를 곱하면 1.20이 되기 때문에 선동열의 통산 평균자책점은 1.20이다. 즉, 선동열이 한 경기를 완투한다면 평균적으로 1.2점 밖에 내주지 않는다는 얘기다.

　재미있는 것은, 투수가 홈런을 맞거나 연속으로 수십 점을 내주더라도 자책점으로 기록되지 않는 경우가 있다는 것이다. 예를 들어 투 아웃 상황에서 실책이 나왔을 경우, 그때 실책이 아니었다면 이미 이닝이 종료되었을 것으로 인정하기 때문에 그 이후에 나온 모든 점수는 투수의 자책점으로 기록되지 않는다.

포스아웃과 태그아웃

수비수가 공을 잡은 채 주자에 앞서 베이스를 밟거나 터치하는 것만으로도 주자를 아웃시키는 것을 포스아웃(force out)이라고 한다. 반면 수비수가 공을 잡은 글러브로 베이스에서 떨어져 있는 주자의 몸을 터치함으로써 아웃시키는 것은 태그아웃(tag out)이라고 한다.

포스아웃이 인정되는 것은 주자에게 어차피 돌아갈 수 있는 루가 없는 경우이다. 예를 들어 1사에 주자가 1, 2루에 있는 상황에서 3루수가 상대 타자의 빠른 땅볼 타구를 잡아서 3루 베이스를 밟고 다시 2루와 1루에 빠르게 던진다면 세 명의 주자를 한꺼번에 모두 잡아내는 트리플플레이를 성공시킬 수 있다. 이미 타자의 타구가 페어 지역에서 땅볼이 되었기 때문에 1루는 타자의 자리가 되어버렸고, 마찬가지로 2루는 1루 주자의 몫이 되어버렸기 때문에 2루 주자와 1루 주자는 각각 3루와 2루로 가야만 하는 상황이기 때문이다.

하지만 3루수가 공을 먼저 1루로 던진 다음 1루수가 다시 2루수, 2루수가 다시 3루수에게 공을 던지면서 주자들을 잡아내려면 2루수와 3루수는 반드시 공을 상대 주자의 몸에 대는 태그아웃을 해야만 한다. 왜냐하면 타자는 어차피 타석으로 돌아갈 수는 없기 때문에 1루에서 포스아웃이 되는 것이 맞지만, 1루 주자(타자)가 아웃이 되어버린 뒤라면 2루 주자는 다시 1루로, 3루 주자는 다시 2루로 돌아가도 무방하기 때문이다.

실제로 진루를 해도 되고 하지 않아도 되는 상황에서 주자가 오락가락 하면서 수비수들을 고생시키는 경우가 있는데, 그것이 바로 '런다운(run down)' 혹은 협살이라고 부르는 상황이다.

가을에도 야구하자, 포스트시즌

2000년대 중반, 롯데 자이언츠의 팬들이 종종 사직구장에 내걸던 현수막 문구 중에 이런 것이 있었다. "가을에도 야구하자." 그 무렵 4년 연속 꼴찌라는 전무후무한 기록을 포함해 8년간이나 하위권에서 기었던 왕년의 명문구단 롯데 자이언츠가 제발 포스트시즌(post season)에 진출할 수 있기를 기원하는 소박하면서도 애절한 뜻이 담긴, 역사적인 문구였다.

포스트시즌은 정규시즌 성적을 토대로 가려지고 순위가 매겨진 팀들이 본격적으로 우승팀을 가리기 위해 치르는 단기 레이스를 말한다. 대략 9월 하순부터 10월 사이에 치러지기 때문에 '가을야구'라고 부르기도 한다.

포스트시즌을 통해 우승팀을 가리는 것은 미국이나 일본도 마찬가지다. 하지만 미국이나 일본이 양대 리그의 우승팀들끼리 맞붙는 '왕중왕전'을 통해 그 해의 최강팀을 가리는 것과 달리, 한국은 정규리그 1위부터 4위까지의 팀이 새로운 방식으로 다시 한 번 맞붙어 승자를 결정한다는 점이 좀 특이하다. 구체적으로는 한국의 포스트시즌은 정규리그 3위 팀과 4위 팀이 맞붙는 준플레이오프, 준플레이오프의 승자와 정규리그 2위 팀이 맞붙는 플레이오프, 플레이오프 승자와 정규리그 우승팀이 맞붙는 한국시리즈로 이루어진다.

그러나 그런 방식은 정규리그에서 4위에 턱걸이만 해도 집중력만 있고 운만 따라준다면 그 해의 우승팀이 될 수 있다는 모순, 그리고 동시에 준플레이오프와 플레이오프를 거쳐 올라간 팀의 경우 극심한 피로 속에서 일찌감치 한국시리즈에 직행해 충분히 쉬며 준비하는 팀을 상대하느라 '최고의 상태로 맞붙어 최고를 가리는 최고의 경기'를 보여줄 수 없다는 문제점이 늘 지적되기는 한다. 하지만 전체 팀의 수가 8개밖에 안 되는 현실적인 한계, 그럼에도 불구하고 정규리그 성적만으로 끝낸다면 이미 시즌 막판 순위가 결정된 뒤의 몇 경기는 너무 김이 빠진 채 진행될 수밖에 없다는 점 때문에 별다른 뾰족한 수가 없어 보인다.

그런 특징 때문에 한국 프로야구에서 포스트시즌에 진출했다는 것은 '우승에 도전한다'는 것 외에 또 다른 의미를 가진다. 우선 리그에 참가하고 있는 8개 팀 중 정확히 절반인 4개 팀, 즉 '상위권팀'에게 기회가 주어진다는 점에서 포스트시즌에 진출한 팀은 그 시즌을 나름 성공적으로 보냈다는 최소한의 근거가 된다.

바로 그런 점에서 포스트시즌 진출 팀의 경우 대개 그 해 겨울을 평온하게 보낼 수 있는 것과 달리 포스트시즌 진출에 실패한 4개 팀은 대형 트레이드나 다른 팀의 대형선수 영입 추진, 혹은 감독을 비롯

한 코칭스태프의 교체, 심지어는 단장이나 사장을 비롯한 구단 경영
진의 재편 같은 수선을 떨기도 한다.

6-4-3 병살? 포지션 넘버 붙이는 법

한없이 늘어지다가도 일단 공이 배트에 맞고 날기 시작하면 시속 150km의 속도로 질주하는 것이 야구다. 특히 숨 한 번 쉬는 틈에 주

야구 수비 포지션 넘버

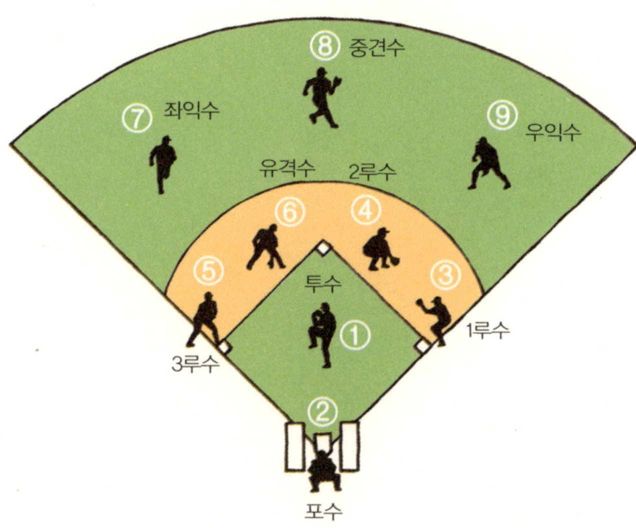

자 두 명을 잡아내는 병살 플레이 같은 상황이 벌어지면 그 짧은 시간 동안 공이 누구누구의 손을 거쳐 어떤 결과를 냈는지 설명하기 위해 방송 캐스터들은 흔히 6-4-3이라거나 4-6-3 같은 말을 쓰곤 한다. 바로 수비수들에게 붙여져 있는 고유숫자, 포지션 넘버(position number)다.

그 포지션 넘버는 이렇게 정해져 있다. 투수 1, 포수 2, 1루수 3, 2루수 4, 3루수 5, 유격수 6, 좌익수 7, 중견수 8, 우익수 9. 따라서 땅볼타구를 유격수가 잡아서 2루수와 1루수로 연결하는 병살 수비를 6-4-3 병살, 2루수가 잡아서 유격수와 1루수로 연결하는 것을 4-6-3병살 같은 식으로 표시한다. 물론 만루 상황에서 투수가 잡아서 포수, 1루수로 연결하는 병살은 1-2-3 병살이 된다.

타자 앞에서 곤두박질치는 포크볼

1991년과 1995년, 1999년 3회에 걸쳐 한국과 일본 프로선발팀 간의 친선교류전인 '한일슈퍼게임'이 치러진 적이 있었다. 친선전이었던 만큼 전적은 어느 정도 서로 기분 나쁘지 않을 만큼으로 조절되기도 했지만, 내용적으로 드러난 것은 일본 쪽이 여전히 한 수 위라는 사실이었다. 한국 간판타자들의 타격기술로서도 힘겹게나마 맞상대할 수 있는 것은 일본의 5승대 투수 정도였으며, 10승대 투수 수준으로 가면 거의 손을 쓰지 못하는 양상이 되풀이되었기 때문이다(물론 한국 쪽에서도 선동열이나 송진우 정도 되는 수준의 투수가 나서면 일단 3~4이닝 정도는 힘으로 일본 타선을 찍어 누를 수 있다는 자신감을 얻는 계기가 되기도 했다).

그 대회는 어디까지나 '친선'이긴 했지만 막연하게만 가늠해왔던 한국과 일본의 수준차라는 것이 과연 어느 만큼인지 실감할 수 있는 좋은 기회였고, 그런 점에서 한국 야구 발전에 있어 일정 부분 전환점 역할을 했다.

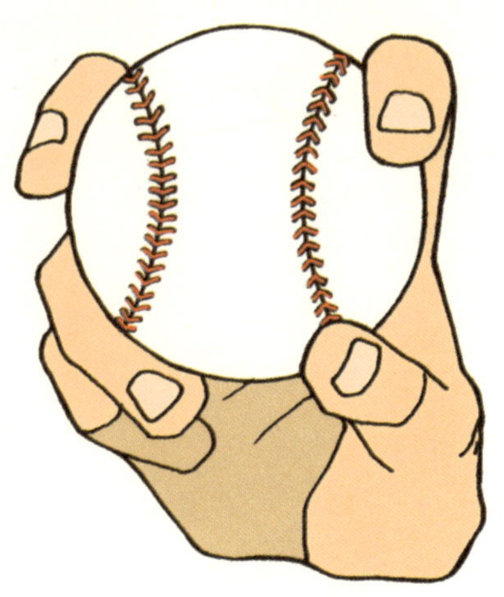

포크볼 쥐는 법

그 무렵 한국 타자들의 방망이를 맥없이 춤추게 했던 공의 정체는 바로 포크볼이었다. 직구처럼 날아오다가 갑자기 타자 앞에서 바닥으로 곤두박질치는 변화구. 그래서 시야에서의 변화가 거의 없이 배트 밑으로 숨어버리는 공에 속수무책으로 헛방망이질을 해대야 했던 기분 나쁜 공. 바로 그 공에 대한 충격이야말로 두 차례 슈퍼게임에서 얻은 자극의 핵심이라고 할 수 있었다.

포크볼은 손가락을 벌려 공을 끼운 채 던진다. 공을 쥐는 모양이 마치 포크로 감자를 찍은 것 같아서 포크볼(forkball)이라는 이름을 가지게 되었다. 따라서 손가락의 길이가 길어서 손가락을 넓게 벌릴 수 있고, 그 사이에 공을 끼운 채로 공을 채는 힘을 조절할 수 있는 선수일수록 구사하기에 유리한 공이다. 하지만 정작 손가락이 긴 투수들이 넘쳐나는 미국에서는 직구 구속을 떨어뜨리고, 부상 위험을 키운다는 이유로 그리 애용되지 않는 반면 선수들의 손가락 길이라면 한국이나 별 차이가 없는 일본에는 포크볼의 달인들이 넘쳐나고 있다. 일본 무대를 평정한 뒤 미국으로 원정을 떠났던 전설적인 투수 노모 히데오가 메이저리그에서 새삼 신인왕에 오르며 올스타전 선발투수로까지 활약할 수 있게 만들었던 공도 바로 이 포크볼이었다. 팔이 길고 배트도 긴 걸 쓰는 메이저리그의 타자들도 갑자기 바깥쪽으로 도망가듯 변화하는 슬라이더에는 어느 정도 대처를 할 수 있었지만 배트 밑으로 숨어버리는 포크볼에는 속절없이 헛스윙을 연발했던 것이다.

슈퍼게임의 충격 이후 한국에서도 포크볼을 연마하는 투수들이 생겨났고, 특히 2000년대 중후반 이후 일본인들을 코치나 인스트럭터로 고용하는 구단들이 늘어나면서 포크볼을 배우는 투수들이 늘어났다. 이상목(한화), 이경필(두산), 조정훈(롯데) 등이 포크볼을 잘 던지는 투수들이었고, 2009년에는 SK의 외국인투수 게리 글로버가 시즌 중에 일본인 코치들로부터 배운 포크볼을 불과 두 달 만에 곧장 실전에서 사용해 위력을 발휘하면서 팀의 후반기 연승행진을 이끌어 화제를 모으기도 했다.

턱돌이

2007년 겨울, 야구팬들이 응원팀의 구분도 없이 모여 모금운동까지 전개했음에도 불구하고 현대 유니콘스가 끝내 해체되어버린 뒤, 한국 프로야구가 끝내 7개 구단체제로 돌아가야 할지도 모른다는 위기감 속에서 히어로즈가 창단되었다. 하지만 어떤 의미에서든 급박했던 과정이었던 만큼 모든 면에서 준비가 부족했는데, 그런 사정이 가장 눈에 띄게 드러나는 대목은 유니폼과 마스코트에 관한 디자인이었다.

그 중에서도 마스코트 '영웅이'의 디자인은 충격적인 것이었다. 아마도 팀의 이름을 상징하는 영웅의 이미지를 보여주긴 해야겠고, 그렇다고 그런 내용을 단숨에 전달할 수 있는 슈퍼맨이나 배트맨, 스파이더맨처럼 저작권이 있는 캐릭터를 사용할 수도 없는 일이었기에 그랬겠지만 히어로즈의 공식 마스코트로 발표된 것은 그저 '눈이 부리부리하고 턱선이 강렬한' 정체불명의 캐릭터가 헬멧을 쓰고 있는 모습이었기 때문이다.

그 디자인을 접한 야구팬들의 반응은 대략 이렇게 흘러갔다.

"도대체 이게 뭐냐?" → "이상하다. 촌스럽다. 아니, 좀 징그럽다" → "누가 장난 친 게 아니고, 정말 공식 마스코트 맞나?" → "도대체 누가 이런 엽기적인 디자인을 한 건가?" → "턱만 튀어나오면 영웅인가?" → "이건 '히어로즈'가 아니라 '턱돌이'구만" → …

그리고 그런 농담과 농담이 이어지던 어느 순간엔가 그 캐릭터는 '영웅이'라는 정식 이름 대신 '턱돌이'라는 조롱 섞인 이름으로 불리기 시작했고 그것은 아직 출발도 하지 않은 신생팀 히어로즈의 운명에 관해 야구팬들이 느끼는 막연한 불안감을 대변하기 시작했다.

하지만 막상 히어로즈의 첫 시즌이 시작되자 상황은 반전되었다. 사람들은 여전히 그 마스코트를 턱돌이라고 불렀지만 조롱의 의미를 담는 이들은 점점 줄어들었고, 그것을 보면서 '이상하다'고 생각하는 이들보다는 '귀엽다'고 말하는 이들이 늘어났다. 히어로즈는 불안한 행보를 계속했지만 턱돌이는 그런 불안함을 상쇄하는, 몇 안 되는 긍정적인 요소로서 작용하기 시작했다. 그런 반전의 주인공은 바로 턱돌이 마스크를 쓰고 경기장을 누빈 길윤호 씨였다.

군산상고 야구부 출신으로 부상 때문에 프로선수의 꿈을 접은 길윤호 씨는 턱돌이의 탈을 쓴 채 마이클잭슨 분장을 하고 문워크를 추기도 하고 분홍색 잠옷을 입은 채 나타나기도 하며 홈런을 치고 홈인하는 타자를 위해 레드카펫을 깔아주는가 하면 클리닝타임에는 직접 마운드의 흙을 고르며 프로무대를 누비기 시작했다. 그리고 경기 중 한 시도 쉬지 않고 수십 가지 옷을 갈아입어가며 익살을 떠는 그의 모습에 많은 야구팬들이 흥미를 느끼는 걸 넘어 감동하기 시작했

턱돌이 : 히어로즈는 불안한 행보를 계속했지만 턱돌이는 그런 불안함을 상쇄하는, 몇 안 되는 긍정적인 요소로서 작용하기 시작했다. ©이용선, 블로그 tomino.egloos.com

고, 그를 통해 기괴한 디자인의 캐릭터는 한국 프로야구를 대표하는 캐릭터로 변신하게 되었다.

　때로는 구석진 곳에서 묵묵히 힘쓰는 한 사람의 노력이 수많은 파행과 어설픔과 실패들마저도 덮어줄 수 있을 만큼 환한 빛을 만들어 낸다는 사실을, 턱돌이는 일깨워주고 있다.

프런트의 팀킬

    야구단은 크게 선수단과 프런트로 이루어진다. 말하자면 경기장에서 직접 뛰는 선수와 코치, 감독을 제외한 구단 직원들 모두를 흔히 프런트라고 부른다. 그리고 그들의 업무는 주로 선수를 스카우트하고 선수들의 연봉을 책정하고 훈련 일정을 짜는 등의 일을 하는 운영 부문과 경기장에 관중을 모으고 팬서비스를 하고 자금을 조달하는 마케팅 부문으로 나뉘게 된다.

    그런데 종종 프런트들이 '팀킬'을 한다는 비난을 받곤 한다. 즉 자기 팀 선수단의 승리보다는 패배를 바라며 좋은 성적을 내지 못하도록 방해하기도 한다는 것이다. 그것은 정말 일어날 수 있는 일일까?

    물론 그것은 군대에서 고참 병장이 자기 소대의 신임소대장을 일부러 '엿 먹이는' 일이 가능한 것만큼이나 충분히 있을 수 있는 일이다. 근본적으로 프런트는 팬이나 선수들과는 서 있는 자리가 다르고 이해관계가 다르기 때문이다. 말하자면 그들이 소속팀을 위해 일하는 것은 그 팀이 좋아서라기보다 그 팀에서 월급과 사회적 지위를 얻기 때문이다. 따라서 월급과 사회적 지위를 지키기 위해서, 혹은 더 키우기 위해서라면 때로 '팀킬'을 감행하는 것도 가능한 일이다. 예컨대, 그룹 고위층의 누군가나 야구단 사장이 지금의 감독을 마음에 들어 하지 않는다거나, 그래서 그 감독을 '잘라버릴' 빌미를 찾고 있는 중일 때, 프런트들은 자신들의 밥줄에 충성을 다하기 위해 성적의 추락을 기원하거나, 혹은 실제로 자신들이 영향력을 미칠 수 있는 영역에서 그 감독의 팀 운영에 대한 악소문을 의도적으로 퍼뜨릴 수 있다.

물론 '팀킬'에 대한 소문의 대부분은 프런트들의 팀에 대한 '충성도'가 성에 차지 않은 팬들의 분풀이와 분발의 요구인 경우들이 많다. 보통의 경우라면 프런트에게도 어느 만큼은 소속감이라는 것이 있기 마련이기 때문이다.

하지만 또 '전혀 없다고는 할 수 없을' 빈도 때문에 팬들의 입장에서 프런트들의 행보는 늘 주목해야 할 대상이다. 한국의 야구판은 좁고, 여론조작이 그다지 어렵지 않은 곳이기 때문이다.

내부 경쟁의 일상화, 플래툰시스템

같은 포지션에 기량이 비슷한 선수들을 두세 명 놓고 번갈아가며 기용하는 것. 1949년 뉴욕 양키스의 케이시 스텡걸 감독이 창안했다. 원래 플래툰(platoon)이란 '소대'를 의미하는 군사용어인데, 한 소대 안에 소총수, 유탄수, 기관총수 등 여러 유형의 공격병을 보유하고 그 다양한 공격옵션을 활용하며 전투를 치러나가는 것을 닮은 선수 운용방식이라는 의미에서 붙인 이름이다.

플래툰 시스템은 한·미·일의 수많은 감독들로부터 애용되고 있지만 특히 한국인들에게 널리 알려진 이들로는 미국 LA 다저스의 짐 트레이시와 일본 지바 롯데 마린스의 바비 발렌타인 감독이 있다. 두 사람은 2000년대 중반 LA 다저스와 롯데 마린스에서 뛰던 한국인 왼손 거포 최희섭과 이승엽을 철저하게 오른손 투수가 등판하는 날에만 기용하면서 한국인들의 원성을 샀다(최희섭과 이승엽 모두, 연타석 홈런을 터뜨린 다음날이라 해도 왼손 투수가 등판하는 날이면 벤치를 지키곤 했다). 어쨌든 그런 사연에서, 한국의 야구팬들에게 플래툰

시스템이란 '멀쩡한 선수를 반쪽짜리로 만드는' 악명 높은 꼼수의 대명사처럼 인식되고 있기도 하다.

물론 꾸준한 출장을 통한 경기감각의 유지가 최선의 플레이를 위해 꼭 필요하다고 생각하는 선수들 역시 같은 불만을 가지고 있곤 한다. 하지만 플래툰 시스템은, 정도의 차이는 있지만 대부분의 팀, 대부분의 감독들에 의해 사용되고 있으며 현대 야구에 있어서 하나의 흐름이라고 말할 수 하다.

프로야구에서 플래툰 시스템을 사용하는 이유는 여러 가지가 있다. 가장 대표적인 것은 좌투수가 나왔을 때는 우타자를, 우투수가 나왔을 때는 좌타자를 내보내기 위한 경우다. 우타자는 좌투수의 공이, 좌타자는 우투수의 공이 '바깥쪽에서 안쪽으로 들어오는' 궤적을 그리기 마련이고, 그렇게 조금씩 몸쪽으로 다가오는 공이 더 정확하고 더 강하게 때리기에 유리하다는 물리학적인 상식 때문이다.

그 밖에도 프로야구가 상업적으로 대성공을 거두게 되면서 시즌이 점점 더 길어지고 경기수도 점점 더 많아지다 보니 한 선수가 한 포지션을 일 년 내내 혼자서 지킨다는 것이 어려워졌다는 점 때문에도 플래툰시스템은 필요하다. 경기가 가장 많은 미국의 경우에는 162경기, 일본은 144경기, 한국도 해마다 133경기나 치르다보니 부상, 체력 저하, 슬럼프 등의 이유 때문에 한 선수가 전적으로 감당하기는 어렵기 때문이다.

물론 일상적인 경쟁구도 속에서 각 선수들의 능력을 최대한 끌어내기 위한 방편으로도 플래툰시스템은 애용되고 있다. 일시적으로 부

진에 빠지거나 집중력이 흐트러진 플레이를 하더라도 '대체될 수 없
는 독보적인 선수'에게 매 경기 최선을 다할 것을 기대하기도 어려울
뿐만 아니라, 감독의 지시와 통제대로 움직일 것을 요구하기도 어렵
기 때문이다.

한화 이글스(빙그레 이글스)

1987년, OB 베어스가 창단 이전에 약속받아둔 대로 서울 입성을 단행한 뒤 남겨진 대전과 충청권을 연고로 한국화약그룹이 창단한 팀이다. 원래 '빙그레 이글스'를 팀명으로 했지만 1994년 모기업 명칭이 변경되면서 팀명도 '한화 이글스'로 바뀌었다.

후발주자였지만 창단멤버 한희민, 이상군, 이강돈 등에 더해 이정훈, 장종훈, 송진우 등이 합류하면서 빠른 시간에 강팀으로 도약했고 1989년부터 1992년 사이의 다섯 시즌 중 네 번이나 한국시리즈에 진출하며 최강팀으로 군림했다. 하지만 1999년에 팀 창단 이후 첫 우승을 하기까지 해태 타이거즈 앞에서 무릎 꿇고 무수히 준우승에 머무는 설움을 겪었던 팀으로서, 삼성과 더불어 '한국시리즈의 눈물'을 가장 많이 흘렸던 팀이다.

한국 프로야구사를 통틀어 손가락 안에 꼽힐 전설들인 장종훈, 송진우, 정민철, 구대성 등이 기나긴 선수 인생 전체를 보낸 팀이라는 점 또한 이글스의 특징이자 자랑이다. 상대적으로 짧은 역사를 가졌

음에도 불구하고 한국 프로야구 전체에서 배출한 영구결번 선수의
1/3이 한화 이글스 출신이었다.

해태 타이거즈

한국 프로야구 역사에 존재했던 어떤 팀과도 비교할 수 없는 최강의 팀. 1983년에 첫 우승을 한 것을 시작으로 86, 87, 88, 89, 91, 93, 96, 97년까지 15년 사이에 무려 아홉 번이나 우승을 독점한 팀. 같은 기간 동안 해태 타이거즈 다음으로 많은 우승횟수는 OB, 롯데, LG가 기록한 2회가 고작이었다.

하지만 단순히 강했다는 것 외에도 그 팀에 대한 기억이 가지는 강렬한 요소는, 그 팀이 프로 원년에 창단된 6개 구단 중 가장 가난한 살림을 꾸리는 처지였다는 점과 그 팀이 근거하고 있던 호남이라는 지역 역시 정치적으로나 경제적으로나 문화적으로나 가장 뒤처지고 억눌리고 차별받던 곳이라는 점에서 비롯된다. 특히 프로야구가 출범하기 직전이었던 1980년 광주항쟁이 유혈진압된 뒤 말하고 싶은 것이 있어도 말할 수 없고 아픈 곳이 있어도 신음조차 낼 수 없었던 암울한 호남인들에게 해태 타이거즈의 막강전설은 위로와 희망 그 자체였다.

1991년부터 전북지역을 떼어가 연고지로 삼았던 쌍방울 레이더스
와 더불어 해태 타이거즈 역시 1997년 겨울 무렵부터 불어 닥친 경
제위기의 한파 속에 좌초하고 말았고, 결국 2000년 시즌 후반기부터
기아 타이거즈로 신장개업을 하며 역사 속으로 사라지고 말았다. 하
지만 해태 타이거즈는 여전히 많은 이들에게 강팀의 상징이고 호남
의 상징이며 프로야구 자체를 상징하는 이름으로 기억되고 있다.

해태 타이거즈는 하나의 야구팀, 한 종목의 스포츠가 사회와 문화
와 역사 속에서 어느 만큼의 파급력을 가지며 어떤 희망과 위로와 격
려를 줄 수 있는지 보여주는 좋은 사례이다.

현대 유니콘스

인천, 경기, 강원 지역에 연고를 두고 있던 태평양 돌핀스를 470억 원이라는 역대 최고가격에 인수해 창단한 뒤 1996년부터 프로야구에 참가했다. 창단 첫해부터 한국시리즈에 진출(준우승)하는 돌풍을 일으켰고 1998년과 2000년, 2003년, 2004년까지 4차례나 한국시리즈 우승을 차지하며 '21세기 최강의 팀'으로 불렸다. 하지만 모기업의 경영난 탓에 2007년 시즌을 끝으로 해체되었고, 소속 선수들은 신생팀 히어로즈로 흡수되었다.

현대 유니콘스는 11년이라는 길지 않은 시간 동안만 존재했지만 한국 프로야구사와 한국 프로야구 팬들의 마음속에 결코 지워지지 않을 굵은 획을 그은 애증의 이름이다.

우선 현대 유니콘스는 '투자'라는 점에서 전무후무한 과감성을 발휘했다. 조금씩 방식과 통로가 다르긴 했지만 박재홍, 전준호, 임선동, 그리고 박경완과 조규제 등 4회 우승의 주역이었던 이들은 '돈'의 힘이 없었다면 절대 유니콘스의 유니폼을 입을 수 없었을 것이다. 게다가 유니콘스가 본격적으로 돈주머니를 열었던 시대가 다른 구단들로서는 살 떨리는 생존경쟁의 외줄타기를 하던 IMF시대였다는 점에서 그 위력은 극대화되었다.

하지만 그렇게 잘 나가던 현대그룹이 2000년대 들어 삐걱거리기 시작하면서부터 팀의 운명은 그야말로 수직으로 추락하기 시작했다. 2000년 초부터 반도체 값이 폭락하고 모기업이자 그룹의 현금줄 노릇을 하던 핵심 기업 현대전자가 채권단관리를 받는 신세가 되자 추진하던 연고지 이전에 실패한 채 팀은 연고지도 없는 유목민이라는 조롱의 대상이 되었다. 그리고 마지막으로 한국시리즈에서 우승했던 2004년 시즌 직후에는 바로 한국시리즈의 맞상대였던 삼성 라이온즈에게 팀 공수의 핵인 심정수, 박진만, 박종호를 돈에 밀려 빼앗기고 강호 대열에서 밀려나는 쓴맛마저 보아야 했다.

그리고 그로부터 다시 두 해 뒤, 하이닉스(현대전자의 바뀐 이름)가 야구단에서 손을 떼겠다고 선언했고 결국 유니콘스는 해체되어야 했다. 구단을 거저 맡아달라는 요청마저도 선뜻 받아들인 기업이 없었기 때문이다. 하필 그 무렵 프로야구의 인기는 바닥을 치고 있었기 때문에, 10여 년 전에 470억 원을 주고 사들인 뒤 다시 해마다 수십억을 들여 키워낸 명문팀의 시장가격은 '0'원으로 평가된 셈이었다. '돈으로 흥한 자, 돈으로 망한다'는 말을 현실에서 그 이상 극적으로 보여주는 사례를 찾기는 쉽지 않을 것이다.

하지만 그보다도 현대 유니콘스가 가지는 더 큰 야구사적 의미라면, 구단이 팬들과의 관계를 일방적으로 깨고 연고지를 이전한 첫 사례라는 점이다(그에 앞서 1985년 OB 베어스가 대전에서 서울로 연고지를 이전한 사례가 있긴 하다. 하지만 그 경우 프로야구 창립 이전부터 예정되고 약속된 것이었다는 점에서 차이가 있다). 1998년, 만년 꼴찌의 쓰린 기억밖에 없던 연고지 인천의 팬들에게 첫 우승의 기쁨을 선물했던 유니콘스는 보다 넓은 시장 서울에서 '대한민국을 대표하는 명문구단'으로 우뚝 서기를 원했고, 결국 2000년 초 전격적으로 연고지 이전을 발표하고 인천, 경기, 강원에 대한 연고지권은 신생팀 SK와이번스에 매각해버렸던 것이다. 하지만 앞서 설명했듯, 결과적으로는 그 무렵에 터져 나온 모기업의 경영난 때문에 서울 입성에 결국 실패한 채 연고지 없는 팀으로 7년여를 떠돌며 '최소관중팀'의 비애를 곱씹어야 했고 그것이 끝내는 매각이 아닌 해체의 비운으로 이어졌다.

어쨌든, 그런 과정을 통해 팬들이 현대 유니콘스로부터 배운 것이 하나 있다면, '상황에 따라서는, 팬들이 구단으로부터 버림을 받을 수도 있다'는 점이었다. 어차피 한국 프로야구단들은 팬들의 주머니에서 나온 돈으로 유지되는 것이 아니며, 따라서 팬들의 뜻이란 야구단을 운영하는 이들에게 항상 두 번째, 혹은 세 번째 고려 사항에 불과하다는 사실이다.

선발과 마무리 사이, 홀드

5일에 한 번씩 등판하는 선발투수의 투구수는 100개 안팎의 선에서 조절해주는 것, 그리고 거의 매일 등판준비를 해야 하는 마무리투수에게는 한 경기에서 1회 이상의 부담을 지우지 않는 것이 요즘 투수 운용의 기본적인 전제이다. 그러다 보니 선발투수와 마무리투수 사이를 연결하는 중간계투진의 역할이 강조될 수밖에 없는데, 그들의 성적은 승-패는 물론 세이브로도 측정되거나 표현될 수 없다는 문제가 생겨났다. 그래서 중간계투진의 활약을 포착해서 남길 수 있는 기록으로 도입된 것이 홀드(Hold)다.

홀드에 관한 규정은 세이브와 거의 같다. 정확히 말하자면 세이브 요건을 갖춘 채 다음 투수에게 공을 넘겨준 투수에게 주어지는 것이 홀드 기록인 셈이다. 따라서 승-패가 각 팀에서 한 명씩, 그리고 세이브가 승리 팀의 한 명에게만 주어지는 것과 달리 홀드는 여러 명이 얻을 수도 있고, 패전 팀 투수 중에서도 얻을 수 있다. 분명히 세이브 요건을 갖춘 채 넘겨주고 마운드에서 내려왔지만 다음 투수가 역전을 허용하는 경우도 있고, 다음 투수도 똑같이 세이브 요건을 달성한 채 그 다음 투수에게 공을 넘길 수도 있기 때문이다.

한국 프로야구에서는 2000년부터 홀드를 집계하기 시작해 16홀드를 기록한 조웅천을 초대 홀드왕으로 시상했고, 그 뒤를 이어 차명주, 이상렬, 임경완, 이재우, 권오준, 정우람 등이 홀드왕 타이틀을 주고받았다. 통산 최다 홀드기록은 2009년 7월 5일 잠실 두산전에서 최초로 100홀드를 돌파한 류택현이 가지고 있으며, 그는 2010년 현재도 그 기록을 스스로 갱신해나가고 있다.

까마득하게 날아가는 하얀 공의 희열, 홈런

한때 수비 좋은 외야수로 이름을 날렸던 한 전직 프로야구 선수가, 인터뷰를 끝내고 이어졌던 술자리에서 나에게 물은 적이 있었다. 왜 하필 야구에 관한 글을 쓰게 되었느냐고. 그 때 나는 이렇게 답했다. 언젠가 친구들과 야구를 하다가 백여 미터 가까이 파란 하늘을 가로질러 날아온 하얀 공이 내 글러브 안으로 빨려 들어오던 순간, 마치 별똥별을 받아낸 것 같은 짜릿하고 신기한 기분이었다고. 그래서 바로 그 순간부터 야구장에서 녹색 잔디와 파란 하늘 사이로 날아다니는 하얀 공을 보는 것만으로도 가슴이 두근거리게 되었노라고 말이다. 아마도 무의식중에나마 그가 외야수였다는 사실을 염두에 둔 말이 아니었을까 싶기도 하다.

하지만 그 전직 야구 선수는 고개를 끄덕이면서도 이렇게 반문했다. 내 방망이를 맞고 날기 시작한 공이 백 미터 쯤 앞에 서 있던 외야수마저 닭 쫓던 개 꼴로 만들어놓은 채 끝도 없이 담장 너머로 날아가는 기분은 얼마나 더 짜릿하겠느냐고 말이다. 그는 선수시절 내내 수비 좋은 외야수로 꼽혔지만, 몇 개 쳐보지도 못한 홈런에 대한 기억이 더 짜릿하게 남았던 모양이었다. 선수에게 홈런이란, 그런 것인 모양이다.

원년 홈런왕이었던 김봉연 교수가 '홈런을 때리는 순간의 느낌은 때려본 사람만 안다'고 말하던 순간. 이만수 코치가 한국 프로야구 1호 홈런을 날리던 때의 느낌을 회상하던 순간. 그리고 정경배가 만루 홈런을 두 개나 날렸던 그 경기를, 박경완이 하루 동안 네 개의 홈런을 날리던 그날을 떠올리던 순간. 바로 그 순간 그들이 짓던 똑같은 표정을 나는 잊지 못한다. 눈을 가늘게 뜨고, 입맛을 다시며, 비록 찰나의 순간이나마 삶에서 맛본 가장 아름답고 짜릿한 순간으로 빨려 돌아가는 듯한 희열이 얼굴 위 곳곳에서 작렬하던 그 표정 말이다.

홈런은 그렇게 어떤 금지약물로도 대신할 수 없고 어떤 노련한 지도자의 백 마디 충고로도 감당할 수 없는 엄청난 변화의 에너지를 가진 것이기도 하다. 그래서 결정적 홈런 한 방의 손맛은 도무지 어디서부터 손을 대야 할지 알 수 없을 만큼 흐트러져가던 노장 선수의 타격 폼을 하루아침에 전성기로 돌려놓기도 하고, 만년 유망주로 2군 문턱을 오가던 선수를 단숨에 MVP로 솟구치게도 한다.

하지만 똑같은 이유로 바로 눈앞에서 신기루처럼 사라져버린 홈런은 어떤 지독한 부상보다도 묵직하게 선수의 기를 꺾어놓기도 한다. '파울홈런 다음에는 삼진'이라는 속설처럼, 홈런의 흥분과 파울의 허탈감 사이의 온도 차이는 사람의 몸과 마음으로 감당하기에는 너무 깊고 까마득한 것이기 때문이다.

해마다 성큼성큼 성장한 모습을 보이며 데뷔 6년째인 1992년에 41개의 홈런으로 시즌 최다홈런 신기록을 세운 장종훈은 이듬해인 1993년 4월 10일, 태평양과의 개막전 첫 타석에서 2점 홈런을 날리며 또 다른 신기록을 위한 힘찬 시동을 걸었다. 하지만 3회 말 갑자기 폭우가 쏟아지는 바람에 그 경기는 무효 처리되었고, 물론 장종훈의 홈런 기록도 비에 씻겨 사라져버리고 말았다. 그날의 허탈감 때문이었는지 장종훈은 그 해 자신과 팬들의 기대를 절반도 채우지 못한 17홈런으로 주저앉고 말았다.

2007년 6월 28일, 이영우도 결정적인 홈런의 신기루 앞에서 조롱당해야 했다. 톱타자로서 한화의 첫 우승을 이끌었던 1999년 이래 수년간 3할과 20홈런을 그리 어렵게 생각하지 않는 타자였던 그였지만 군복무 때문에 감수해야 했던 2년의 공백을 안은 채 감각을 되살리는 일은 쉽지 않았다. 그런데 그날 2회 말, 한 점 차로 뒤진 상황에서 그의 앞에 만루 찬스가 돌아왔고 독한 마음으로 돌린 배트는 꿈만 같은 만루홈런을 만들어내기에 이르렀던 것이다. 뭔가 한 눈금씩 겉도는 듯했던 톱니바퀴가 순식간에 정배열되는 경쾌한 소리가 들리는 듯했을 그때. 하지만 곧바로 이어진 3회 초부터 쏟아진 폭우 때문에 결국 '노게임'이 선언되고 말았고, 그 짜릿했던 홈런도 기록지에서 깨끗이 지워지고 말았다. 그 때문이었는지 그 해 내내 그의 컨디션은 들쭉날쭉했고 타율은 2할대 초반을 맴돌았으며 홈런은 단 한 개도 다시는 때려내지 못했다.

팀마다, 선수마다, 몇 해가 지난 뒤에도 자다가 벌떡벌떡 깨어나게

마들 만한 홈런에 관한 기억들은 하나쯤 가지고 있다. 2009년 플레이오프 5차전에서는 김현수의 홈런이 역시 비에 떠내려가며 팀의 한국시리즈 진출권마저 녹여버렸고 2009년 한국시리즈 6차전에서는 김상현의 홈런이 폴대와 그야말로 '깻잎 한 장 차이'로 빗겨나가며 시리즈의 패권을 완벽한 미궁으로 밀어넣기도 했다. 지난 2006년 제1회 월드베이스볼클래식 미국과의 경기에서 우측 폴대를 때리고도 '2루타'로 판정받은 멕시코의 마리오 발렌수엘라의 타구는(그것을 2루타로 선언한 미국인 심판 데이비드슨의 판정은) 선수 본인뿐만 아니라 태평양 건너에서 TV를 통해 지켜보던 동양의 야구팬들마저 자신들이 가지고 있던 야구상식에 관해 잠시 혼란스럽게 만들기도 했다.

몇몇 심판의 의도적인 '장난질', 혹은 심판도 인간이기에 피해갈 수 없는 인지적 한계를 극복하기 위해 홈런과 파울 판정에 한해서 비디오 판독이 도입되기도 했다. 하지만 비디오카메라 역시 홈런과 파울을 가르는 기준인 폴대를 위로 넘기는 타구까지 잡아낼 수는 없다. 2009년 8월 13일 롯데에 8대 5로 뒤진 채 9회 1사까지 끌려가던 기아의 이종범이 주자 두 명을 두고 때린 공이 그랬다. 혹 그것이 홈런으로 인정받았다면 단번에 동점을 만들 수 있었던 결정적인 상황이었지만 심판은 파울을 선언했고, 이종범은 그 다음 공에 헛스윙 삼진을 당하며 무릎을 꿇고 말았다.

하지만 두고두고 억울하고 안타까운 사연으로 맞서자면 송지만을 따라갈 선수는 아마 없을 것이다. 2009년 6월 9일 목동 경기에서 3회 말 송지만은 기아 선발 로페즈의 4구를 때려 우측 펜스를 훌쩍 넘졌지만 심판은 파울로 선언했고, 새로 도입된 비디오 판정까지 동원하고도 판정을 뒤집지 못했다. 하지만 아쉬움을 곱씹으며 들어선 타석에서 송지만은 다시 로페즈의 6구를 받아쳐 확실하게 폴대 안쪽으로 꽂아 넣는 2점 홈런을 만들어냈고 팬들은 역사상 가장 '쿨'하고 당당한 홈런 장면으로 기억하려 했다. 하지만 비디오판독과 클락, 황재균, 브룸바 등 동료 선수들이 합세해 벌인 연속홈런 행진으로 시간을 잡아먹은 기나긴 3회 말이 끝나고 4회 초 기아 공격이 시작될 무렵부터 거세진 빗줄기 때문에 결국 경기는 무효처리 되었고 송지만의 짧았지만 사연 많았던 홈런쇼도 한낱 물안개처럼 흩어져버리고 말았던 것이다.

1982년 세계야구선수권대회 최종 한일전 8회 말의 결승 3점 홈런이 없었다면 대타자 한대화가 있을 수 없었고, 1984년 한국시리즈 7차전 홈런이 없었다면 유두열을, 1994년 한국시리즈 1차전 연장 11회의 끝내기홈런이 없었다면 김선진이라는 이름을 기억하는 이들이 많지 않았을 것이다. 나지완 역시 앞으로 어떤 경력을 쌓을지 알 수 없지만 그의 선수생활이 끝났을 때 2009년 한국시리즈 7차전의 끝내기홈런 외의 것으로 그를 먼저 떠올리는 이들은 많지 않을 것이다.

하지만 3루 베이스를 밟지 않았다는 상대팀의 거짓 항의 때문에 도둑맞은 홈런은 이승엽의 가슴에, 김기태와 치열한 홈런왕 경쟁을 하던 1994년 말 '승부를 하지 말라'는 지시를 받은 쌍방울 투수가 바깥쪽으로 빼는 것을 따라가며 맞혔지만 단 한 치가 모자라 펜스를 맞히고 넘어가면서 '2루타'로 선언되었던 공은 김경기의 가슴에, 그리고 그들과 함께 땀을 쥐고 환호하고 다시 분노하고 안타까워했던 팬들의 가슴에 깊숙이 새겨져 있다.

야구는 한 점을 겨루는 경기이고 홈런은 그 한 점을 내는 숱한 득점방법 중의 하나일 뿐이다. 그래서 홈런에 열광하지 않는 팬들은 없지만 홈런만 노리는 스윙은 대개 비난과 걱정을 부르는 철없는 몸짓 취급을 받기도 한다. 절대 한 방에 기대지 말고 착실하게 준비하고 밟아 나가야 하는 삶처럼, 야구도 결국에는 홈런을 많이 때린 팀보다는 악랄하게 한 베이스를 더 노리는 팀이 승리하는 경기이기 때문이다.

하지만 생각지도 못했던 순간, 기대하지도 못했던 처지에 찾아오는 한두 번의 까무러칠 듯 한 행운들이 없다면 삶이란 돌아보기에도, 내다보기에도 막막하고 심심한 고행에 불과할지 모른다. 그리고 홈런이 내 삶에도 어딘가 숨은 채 나를 기다릴지도 모를 그런 벼락 같은 희소식들을 떠올리게 하기에 야구가 삶의 활력소가 되는지도 모른다.

개념시구의 선구자, 홍드로

2005년 7월 8일 잠실구장에 홈팀 두산 베어스로부터 시구자로 초빙된 여배우 홍수아는 작지 않은 야구사적 의미를 가진 사건을 벌였다. '미녀배우'라고 하기는 어렵지만 나름대로 귀여운 개성을 자랑하던 여배우가 활동적인 바지와 티셔츠 차림에 운동화를 갖춰 신고 나와서 안면 근육을 한껏 일그러뜨릴 정도의 전력투구를 선보였고, 전국의 야구팬들이 열광하며 메이저리그 보스턴 레드삭스의 '외계인'이라 불리던 최강의 에이스 투수 '페드로 마르티네즈'의 이름을 헌정해 '홍드로'를 탄생시켰던 것이다.

그녀의 시구가 화제를 모은 이후 역시 수수한 청바지 차림에 왼손으로 직구를 던진 탤런트 박신혜는 '랜디 신혜'(뉴욕 양키스의 왼손 에이스 랜디 존슨에서 따온 이름)가 되었고, 초유의 사이드암 시구를 선보인 소녀시대 유리는 'BK 유리'(한때 메이저리그에서 가장 치기 힘든 공을 던진다는 평가를 받았던 사이드암 강속구 투수 김병현의 애칭인 BK에서 따온 이름)가 되기도 했다. 하지만 개척자가 닦아놓은

길 위에서야 아무리 질주를 해도 아류에 불과할 뿐이며, 심지어 그 아류들의 구위와 투구폼의 완성도 역시 '홍드로'의 것과는 적지 않은 수준차를 가진 것이었다.

홍드로가 개척한 '개념시구'에 '야구사적 의미'가 있다고 수선을 떠는 것은 이유가 있다. 그녀 이전까지 경기장에 늦게 도착하거나, 시구를 마치고 나서도 이곳저곳 기웃거리며 악수질을 하느라 경기일정을 지연시킨 정치인 출신의 시구자들, 혹은 도도한 킬힐을 신고 활보하며 잔디 그라운드에 송송 구멍을 뚫어대던 시구자들이 저질렀던 무례함들을 우리는 '홍드로'와 대조함으로써 드디어 정확히 인식할 수 있었기 때문이다. 홍드로가 신은 운동화, 그리고 뻔히 클로즈업된 채 찍힌 사진이 이튿날 신문지면과 인터넷을 달굴 거라는 것쯤 알면서도 표정관리보다는 구위 유지에 몰입하는 듯한 안면근육의 물결들. 그것은 마운드에 초대된 이들이 마땅히 가져야 했던 야구에 대한 존경과 애정의 표현이었으며, 그동안 그 자리를 거쳐 간 수많은 이들이 놓치고 있던 것이었기 때문이다.

황금사자기 전국고교야구대회

청룡기가 시작된 이듬해인 1947년에 동아일보와 대한야구협회의 공동 주최로 시작되었다. 청룡기와 마찬가지로 해마다 5~6월 중에 열려왔는데, 2008년부터 3월말로 시기를 앞당겨 시즌 첫 대회로 치러지고 있다. 이전까지 예선전을 거쳐 본선 참가팀을 추려왔던 것과 달리 모든 고교팀에게 참가자격을 부여하고 있는 것도 2008년부터 바뀐 점이다.

황금사자기 역대 최고의 경기는 1972년 7월 19일에 치러진 군산상고와 부산고의 결승전이었다. 8회까지 4대 1로 뒤져 있던 군산상고가 9회말 1사 이후에 연속 볼넷과 밀어내기, 그리고 다시 두 개의 안타를 묶어 극적인 5대 4 역전우승을 차지했기 때문이다.

군산상고에 '역전의 명수'라는 명성을 안겨준 그 날의 경기는 한국야구사에 매우 중요한 의미를 가진다. 전쟁 전 김양중이 활약하던 광주서중 시절 이후 호남권 학교로서는 군산상고의 우승이 전국무대의 주요 대회에서의 첫 우승이었고, 그것을 계기로 호남권 전역에 야구

붐이 일기 시작함으로써 야구 열기의 전국화 바람이 일기 시작했고,
길게는 지역연고제에 기초한 프로야구 탄생의 밑거름이 되었기 때문
이다.

페널티킥을 차는 기분이 아닐까, 희생번트

희생번트라는 것을 두고 야구라는 경기의 깊이와 멋을 논하는 이들이 있다. 이 세상에서 '희생'이라는 요소가 존재하는 스포츠는 야구뿐이지 않느냐는 이야기다. 하지만 결론적으로 그건 지나친 의미부여다. 야구경기에서 희생번트란 거의 모두 감독의 작전 지시에 따라 이루어지며, 그 지시를 달가워하는 선수도 그리 많지 않기 때문이다. 자발적이지도 않고 흔쾌하지도 않은 마음으로 하는 행동에 어쩌다 보니 희생이라는 이름은 붙였다 하더라도, 그걸 가지고 '야구를 지배하는 숭고한 정신' 운운하는 것은 너무 낯간지러운 짓이 아니냐 싶은 것이다.

어쨌든 지시를 받은 타자 입장에서는 그리 달갑지 않은 것이 희생번트다. 물론 성공해서 선행주자를 진루시킨다면 자신이 아웃을 당하더라도 '타수'로 계산되지 않기에 타율을 손해 보지는 않는다. 하지만 번트는 생각보다 어려운 것이어서 종종 실패함으로써 실제로 타율을 까먹기도 하며, 그럼에도 불구하고 지시한 감독이나 지켜보는 팬들은 실패할 리가 없는 쉬운 임무로 생각하기 때문에 실제로 실패하면 엄청난 비난을 감수해야 한다. 마치 누구나 이미 한 골을 얻은 것이나 다름없다고 여기는 페널티킥을 차는 축구선수가 극심한 부담감을 느끼는 것과 비슷하게 말이다.

어쨌든 희생번트를 성공시키기 위해서는 공을 배트에 정확히 맞히되 너무 강하게 튀어나가지도, 투수나 내야수 정면으로 굴러가지도, 너무 힘이 죽어 포수 앞에 뚝 떨어지지도 않도록 신경 쓰고 조절해야 한다. 그리고 그런 복잡한 과업을 무난히 성공시키기 위해서는 평소에 꾸준히 연습하며 준비해야 한다. 하지만 공을 후려쳐 날리는 타격훈련에 비해 번트연습은 재미도 없고 즐겁지도 않은 고역이다. 번트의 달인이 된다 한들, 그것이 선수로서의 명성을 얼마나 높여줄 것이고 연봉은 또 얼마나 보태줄 수 있을 것인가?

물론 미국에서야 투수들이 타석에 서는 경우를 제외하면 희생번트를 구경할 일 자체가 별로 없지만, 우리나라에서도 희생번트를 자주 지시하는 감독은 인기가 없다. 번트란 아무래도 역동적인 장면을 만들지도 못하고 대량득점을 가능하게 해주지도 않기 때문이다.

하지만 반대로 번트 성공률이 높은 팀은 분명히 강한 팀이다. 왜냐하면 희생번트란 성공한다고 해도 큰 빛이 나지 않는 영역이고, 그래서 흔히 의외의 빈틈이 나타나기 쉬운 영역이기 때문이다. 하지만 그런 후미진 영역에서조차 선수들이 철저히 준비하는 어떤 유인이나 문화가 있는 팀이라면 공격과 수비 전반에서 더 많은 준비가 되어 있는 팀이기 때문이다.

히어로즈

한국 프로야구시장의 생명력을 그대로 보여주는 '지표식물'같은 구단이다. 대기업의 지원이 아니라 프로야구단 자체의 수익을 통해 생존해야만 하는 구단이기 때문이다. 따라서 구단 사장의 자금력과 구단의 미래에 관한 숱한 의구심들과 씨름해야 한다는 고통에도 불구하고 모든 것을 떠나 그저 생존하고 버텨주는 것만으로도 8개 구단 팬들에게 안도와 기쁨을 줄 수 있는 구단이다.

창단 이듬해 주전 3루수 정성훈의 FA계약 과정에서 얻은 수익과 3년차인 2010년 시즌을 앞두고 주력선수들인 장원삼, 이현승, 마일영, 이택근 등을 팔아서 얻은 수익 등을 제외한다면, 히어로즈라는 팀명 앞에 자기 기업의 이름을 붙일 수 있는 권리인 '네이밍라이트(naming rights)'를 비롯해 헬멧, 유니폼 등에 광고를 부착할 권리 등을 판매하는 것으로 주요 수입원을 삼고 있다. 2008년에는 창단 당시에는 우리담배, 2010년에는 넥센 타이어가 메인스폰서가 되었고, 그에 따라 우리 히어로즈, 넥센 히어로즈로 불리기도 했다.

지은이 **김은식**

정치학과 사회학을 전공했고, 다양한 사람들의 삶에 관한 글을 써왔다.《장기려, 우리 곁에 살다 간 성자》,《이회영, 내 것을 버려 모두를 구하다》등의 전기와《국기로 보는 세계사》등의 교양서를 집필했고, 2006년부터는 인터넷신문 오마이뉴스를 비롯한 각종 지면에 야구에 관한 에세이와 칼럼을 써왔다.《야구의 추억》,《해태 타이거즈와 김대중》등 야구 관련 도서들도 여러 권 집필했고 번역서로는《타격의 과학》이 있다.